Würste, Sülzen, Pasteten
selbstgemacht

Bernhard Gahm

Würste, Sülzen, Pasteten
selbstgemacht

142 Farbfotos von Fridhelm Volk

VERLAG EUGEN ULMER

Vorwort

Das Wursten ist für viele Leute eine Thematik, von der sie denken, damit könne sich nur der professionelle Metzger befassen. In den letzten Jahren geht leider der Fleisch- und Wurstverbrauch immer weiter zurück. Dies hat mehrere Ursachen: Wie oft hören oder lesen wir Empfehlungen, wonach Fleisch und Wurst in einem gesunden Ernährungsplan möglichst vermieden werden sollten. Ein viel schlimmerer Grund, warum vielen die Wurst nicht mehr so recht schmecken will, liegt in den immer wieder auftretenden Lebensmittelskandalen. Vor Jahren erschraken viele Verbraucher, als sie vom Hormonskandal bei den Mastkälbern erfuhren. Es folgte der Unfall im Kernkraftwerk Tschernobyl. Dadurch ging vor allem der Verzehr von Wildfleisch drastisch zurück. Zuletzt war es nun die Rinderseuche BSE. Bedingt durch solche Affären reduziert sich der Verbrauch der betroffenen Fleischart und erreicht auch viele Jahre später nicht mehr die ursprüngliche Höhe. Die Leute sind verängstigt und verunsichert.

Das 1993 im Verlag Ulmer erschienene, von mir verfaßte Buch „Hausschlachten", fand nicht zuletzt wegen dieser Verunsicherung der Verbraucher weit größeres Interesse als zunächst erwartet. Das Buch befaßt sich vor allem mit der eigentlichen Schlachtung und dem Zerlegen des Fleisches. Zum Bereich des Wurstens werden darin gewisse Grundkenntnisse vorausgesetzt, und somit ist dieses Buch mehr für den Profi bestimmt. Es kamen aber immer wieder Nachfragen nach einer praktischen und allgemein verständlichen Anleitung

Vorwort

für den Hobbywurster. Die Interessenten baten um Rezepte, die von Laien auch mit den gängigen Haushaltsgeräten hergestellt werden können.

Es gibt nur wenige Bücher für Hobbywurster und darin sind oftmals zu wenige Bilder, die den beschriebenen Rezepten entsprechen. Daher legte ich beim Verfassen der Rezepte größten Wert auf anschauliche Fotos, die genau das zeigen, wovon ich spreche. Sie konnten entstehen dank dem Interesse und der Geduld des Fotografen Fridhelm Volk an vielen Wochenenden.

Es ist mir ein großes Anliegen, ein Buch vorzulegen, mit dem auch der Laie umgehen kann, das heißt, es soll wirklich jedermann seine eigene Wurst herstellen können. So wurden alle Rezepte in der Küche erprobt. Dabei habe ich auch meiner Frau als unermüdlicher Mitarbeiterin zu danken.

Zumindest bei den meisten Wurstsorten sollte der Aufwand an Technik erschwinglich bleiben. Die Herstellung wird schrittweise beschrieben, und es sind sehr einfache Rezepte darunter, mit denen auch der Anfänger sofort Erfolg hat. Wer dann bemerkt, daß er ein neues Hobby gefunden hat, wird sich mit den anspruchsvolleren Rezepten befassen und nach und nach seine Erfahrungen sammeln.

Ich dachte beim Verfassen des Buches zunächst an die Halter landwirtschaftlicher Nutztiere und an die Jäger. Ein weiterer, sehr wichtiger Leserkreis sind alle die Leute, die aus den oben genannten Gründen zwischenzeitlich dem Wurstverzehr gegenüber skeptisch wurden. Dieses Mißtrauen soll durch die eigene Herstellung abgebaut werden. Ferner sind alle die angesprochen, die aus gesundheitlichen Gründen nicht alle Fleischarten oder nur fettarme Wurst essen dürfen.

Aus diesen Gründen wurde bei vielen Rezepten immer wieder auf die geläufigsten Fleischarten näher eingegangen und sie sind feste Bestandteile der aufgeführten Rezepte. Das gleiche gilt für die Verwendung von Zusatzstoffen. Sehr großer Wert wurde auf die Herstellungstechnik gelegt. Die in den Rezepten angegebenen Mengen sind Empfehlungen. Der „Wurstmacher" soll sein (neues) Hobby somit nach seinem Geschmack und nach seinen Vorstellungen ausüben. Daß bestimmte Grundsätze eingehalten werden müssen, darauf wird immer wieder verwiesen. Für das Gelingen kann weder der Autor noch der Verlag eine Garantie übernehmen.

Nicht berücksichtigt wurden Hygienemaßnahmen und Rechtsvorschriften im Zusammenhang mit der Direktvermarktung von Würsten. Hierzu wird auf spezielle Literatur verwiesen.

Ich hoffe, es wird mir auch diesmal wieder gelingen, viele Leser anzusprechen und ihnen etwas brauchbares zu bieten. Ich freue mich, wenn durch das neue Buch weitere Personen zu „Hobbywurstern" werden und wenn die, die es schon sind, ihr Wissen erweitern können.

Ihnen, liebe Leser gutes Gelingen und Ihnen und Ihren Freunden guten Appetit beim Verzehr.

Jagstberg, im Sommer 1998
Bernhard Gahm

Inhaltsverzeichnis

Vorwort 4

Die Ausrüstung zum Wursten 9

Fleisch, der Rohstoff für die Wurst 20
Einteilung der Wurstsorten 21
Das Fleisch beschaffen 21
Lagerung vor der
Wurstherstellung 25

Zusatzstoffe und Gewürze 27
Salz ist mehr als ein
Gewürz 28
Wichtige Zusatzstoffe 29
Gewürze 30

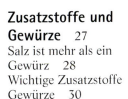

Verarbeitung der Wurstmasse in Konserven 34
Auswahl von Dosen und Gläsern 35
Füllen und Einkochen der Konserven 37
Lagern der Konserven 38

Verarbeitung der Wurstmasse in Därmen 39
Naturdärme und Kunstdärme 40
Vorbereiten der Därme vor dem Füllen 42
Füllen der Därme 44
Garen der Wurst 48

Räuchern 53
Geräte zum Räuchern 54
Räucherarten 57

Lagerung der Würste 60
Lagerung im Räucherschrank oder in einem dunklen Raum 60
Lagerung durch Kühlen 60
Lagerung durch Tiefkühlen 62

Vorbereitungen für die Wurstherstellung 64

Die Herstellung von Kochwurst 65
Wichtige Hinweise zur Kochwurstherstellung 66
Beschreibung, Behandlung und Verwendung des Rohmaterials 67
Kochwurstrezepte 73

Streichfähige Rohwurst 80
Beschreibung, Behandlung und Verwendung des Rohmaterials 81
Rezepte für streichfähige Rohwurst 82

Schnittfeste Rohwurst 84
Beschreibung, Behandlung und Verwendung des Rohmaterials 85
Vorbereitungen für die Wurstherstellung 86
Herstellung der Wurstmasse 87
Reifen der schnittfesten Rohwurst 89
Räuchern der schnittfesten Rohwurst 97
Rezepte für schnittfeste Rohwurst 98

Brühwurst 101
Beschreibung und Verwendung des Rohmaterials 102
Vorbereitungen für die Wurstherstellung 103

Inhaltsverzeichnis

Herstellung der Wurstmasse 104
Einfüllen der Wurstmasse 108
Rezepte für Brühwurst 108

Bratwürste 116
Grobe Bratwürste 117
Feine Bratwürste 120

Pasteten 123
Rezepte für Pasteten 125

Sülzen 129
Grundmaterial und Herstellung 130
Herstellung von Aspik 130
Garnierung von Sülzen 131
Rezepte für Sülzen 132

Salzen oder Pökeln 136
Rohpökelwaren 137
Kochpökelwaren 140

Kleines Lexikon der Wurstmacherei 147

Verzeichnisse 151
Literaturverzeichnis 151
Bezugsquellen 151
Sachregister 152

Die Ausrüstung zum Wursten

Die Ausrüstung

Wie bei jedem anderen Hobby braucht man auch zum Wursten eine bestimmte Ausrüstung. Es können jedoch viele Geräte und Werkzeuge aus der Küche eingesetzt werden. Das heißt, je umfangreicher eine Küche ausgestattet ist, desto weniger Dinge müssen angeschafft werden. Ohne gewisse Spezialwerkzeuge ist jedoch die Wurstherstellung nicht möglich. Dabei kommt es allerdings darauf an, welche Wurstsorten hergestellt werden sollen und welche Ansprüche an die Geräte gestellt werden.

Es wird in diesem Buch davon ausgegangen, daß die Wurstherstellung in der Küche durchgeführt wird. Es wird also nicht erläutert, wie ein eigener Raum dafür aussehen sollte. Von Vorteil wäre natürlich eine spezielle Wirtschaftsküche, wie sie oft noch in Landhaushalten anzutreffen ist.

Ganz gleich, wo die Wurst hergestellt wird, das oberste Gebot in der Wurstherstellung ist die Hygiene. Es ist sehr wichtig, den Arbeitsplatz, die Geräte und Werkzeuge vor der Arbeit auf Sauberkeit zu kontrollieren und vor allem nach der Arbeit gründlich zu reinigen.

Es wird an dieser Stelle nochmals darauf hingewiesen, daß dieses Buch dem Hobbywurster und nicht dem professionellen Metzger dient. Dies ist besonders wichtig bei der Beschreibung der Werkzeuge und Geräte. Ein Metzger wird recht wenig mit einer Küchenmaschine anfangen können, wohl aber die Person, die nur einen Fleischkäse herstellt.

Messer

Das Messer ist das Grundwerkzeug bei der Wurstherstellung. Fleisch und Speck müssen vor der weiteren Verarbeitung zunächst zerkleinert werden, damit sie beispielsweise in den Fleischwolf passen, oder Speck wird zu Würfeln geschnitten, wie dies bei der Blutwurst gewünscht wird. Je nach Verwendungszweck benötigt man verschiedene Messer.

Ausbeinmesser. Sind die einzelnen Fleischteile noch am Knochen, benötigt man zum Entfernen der Knochen ein Ausbeinmesser. Dies ist ein kürzeres, spitzes Messer (etwa 10 cm lange, schmale Klinge).

Stechmesser. Zum Sortieren des Fleisches nimmt man ein sogenanntes Stechmesser. Es ist etwas länger und ebenfalls spitz. Der Ausdruck Stechmesser kommt daher, daß der Metzger dieses Messer zur Blutentziehung bei den Schweinen (Abstechen) gebraucht.

Fleischmesser. Sehr wichtig ist außerdem ein Fleischmesser. Dieses Messer hat eine Länge von etwa 20 bis 25 cm und ist relativ breit. Der Einsatz dieses Messers erfolgt beim Zerkleinern der Fleischteile (Würfel schneiden, Schnitzel schneiden). Dabei ist es wichtig, daß das Messer länger ist als das Fleischteil, das zerkleinert wird.

Wetzstahl

Der Wetzstahl ist ein etwa 30 cm langes Werkzeug mit einem Griff. Wetzstähle können oval oder rund sein. Sie sind unentbehrlich zum Abziehen der Messer während der Arbeit. Man sollte es sich zur Angewohnheit machen, das Messer öfter am Wetzstahl kurz abzuziehen. Es genügen vier bis fünf leichte Striche mit der Schneide über den Stahl. So bezeichnet man den Wetzstahl in der Umgangssprache. Das Messer wird dabei leicht angewinkelt gehalten. Auf keinen Fall darf mit der Schneide auf den Wetzstahl gehackt werden. Dadurch wird das Messer stumpf. Das gleiche gilt für zu langes Wetzen.

Die Ausrüstung

Es ist sehr wichtig, immer mit scharfen Messern zu arbeiten. Nur so ist eine exakte Arbeit möglich. Wer hat nicht schon einmal als Laie versucht, ein Schnitzel mit einem stumpfen Messer zu schneiden. Dabei muß ganz klar gesagt werden, daß der Wetzstahl das Schleifen nicht ersetzen kann. Grundvoraussetzung für ein scharfes Messer ist ein guter Schliff. Das Schleifen sollte nach Möglichkeit einem Fachmann überlassen werden. Ein altes Sprichwort heißt: „Mit einem scharfen Messer schneidet man sich nicht."

Schneidbretter

Aus hygienischen Gründen ist man dazu übergegangen, Bretter aus Kunststoff und keine Holzbretter mehr zu verwenden. Sie lassen sich wesentlich gründlicher reinigen und haben außerdem den Vorteil, daß sie, wenn man sie nur selten benötigt, nicht anlaufen (schimmeln), was bei Holzbrettern oftmals der Fall ist. Es gibt verschiedene Größen. Kunststoffbretter sind außerdem mit Saugnäpfen erhältlich. Das hat den Vorteil, daß sie während der Arbeit nicht wegrutschen. Dadurch werden Unfälle vermieden. Man kann sich aber auch behelfen, indem man ein Tuch anfeuchtet und unter das Brett legt. Größere Bretter sind außerdem mit einer sogenannten Fleischsaftrinne an den Rändern des Brettes erhältlich, die verhindert, daß der während der Arbeit austretende Fleischsaft auf den Tisch und den Boden läuft. Dies ist vor allem bei frisch gekochtem Fleisch der Fall.

Eimer

Je nachdem, welche Mengen Wurst hergestellt werden, sollten mehrere größere und kleinere Eimer (3 bis 12 Liter) zur Verfügung stehen.

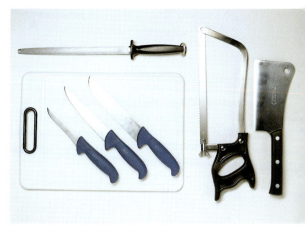

Messer, Wetzstahl, Schneidbrett, Knochensäge und Fleischerbeil

gung stehen. In der Regel sind hierbei Kunststoffeimer vorzuziehen. Edelstahleimer sind zwar besser, aber doch recht teuer. Fleisch sollte aber nicht unbedingt in Eimern gelagert werden. Durch die hohe Aufschichtung wird dem Fleisch mehr Saft entzogen, als dies in flachen Schüsseln der Fall ist. Außerdem kühlt das Fleisch im Eimer langsamer aus, wobei sich Keime schneller vermehren.

Schüsseln und Wannen

Für das Material gilt das gleiche wie bei den Eimern. Man sollte mehrere Schüsseln mit verschieden Größen zur Verfügung haben. Das ist besonders wichtig, wenn verschiedene Wurstsorten auf einmal hergestellt werden sollen. Porzellan-, Glas- oder Emailschüsseln sollten auf keinen Fall verwendet werden. Porzellan- und Glasschüsseln zerbrechen leicht oder werden angeschlagen. Bei Email besteht die Gefahr, daß es abspringt und Splitter in die Wurstmasse geraten. Zum Kneten und Anrühren der Wurstmasse ist eine etwas

Die Ausrüstung

größere und vor allem tiefere Schüssel erforderlich. Es muß möglich sein, mit beiden Händen in der Schüssel zu arbeiten. Nur so kann die Masse gut geknetet und vermengt werden. Die Schüssel kann dann auch zum Spülen der Werkzeuge und Geräte verwendet werden. Das Reinigen sollte vor allem bei schweren oder kantigen Werkzeugen nicht im Spülbecken erfolgen, da das Becken dadurch leicht beschädigt wird. Diese Schüssel oder Wanne sollte ein Volumen von etwa 20 bis 25 Liter fassen. Ein solches Gefäß kann außerdem zum Abkühlen der Wurst nach dem Garen verwendet werden.

Seiher, Sieb, Durchschlag

Es genügt ein Seiher von etwa zwei bis drei Liter Fassungsvermögen. Der Durchmesser der Löcher sollte nicht größer als etwa 3 mm sein, damit beispielsweise die Würfel der Blutwurst nicht durchfallen können.
  Der Durchschlag wird außerdem zum Abseihen des Blutes benötigt. Auch ein Sieb erfüllt diesen Zweck.

Schöpfer, Fleischgabel

Diese Werkzeuge sollten genügend lange Stiele haben, damit man im Kochtopf bequem arbeiten kann, ohne sich die Hände zu verbrennen. Der Schöpfer wird außerdem zum Einfüllen der Kochwurstmasse in Därme benötigt.

Wursttrichter

Die sogenannten Handtrichter sind unentbehrlich beim Füllen von Kochwurst. In

Schüsseln verschiedener Größe und Handtrichter

der Regel benötigt man einen engen Trichter, auf den die Bratdärme aufgezogen werden können. Der Durchmesser des Schaftes sollte bei etwa 2 bis 2,5 cm liegen. Der Schaft des weiteren Trichters sollte einen Durchmesser von 3 bis 4 cm haben. Er wird für die weiteren Därme wie Krausen oder Kranzdärme verwendet. Werden häufig Mägen oder Butten mit Preßwurst gefüllt, ist es ratsam, sich einen Trichter mit etwa 5 cm Durchmesser anzuschaffen. Ansonsten wird die Masse direkt mit dem Schöpfer gefüllt. Der große Trichter kann auch sehr gut zum Füllen von Kochwurstmasse in Schraubgläser mit kleinem Durchmesser benutzt werden. Dadurch geht das Füllen viel schneller und die Gläser werden außen nicht mit der Wurstmasse verunreinigt.

Wurstmasse mit fester Konsistenz, wie Bratwurst, Salami, Schinkenwurst, wird entweder mit dem Fleischwolf mit Füllhorn oder mit speziellen Handfüllern gefüllt. Die Füllhörner, auch Trichter genannt, sind länger als die Handtrichter, damit ein Darm oder eine Darmschnur aufgezogen werden kann. Diese Trichter müssen einen Durchmesser haben, der auf den Fleischwolf oder auf den Handfüller paßt, damit sie mit der Schraube befestigt werden können.

Beim Fleischwolf wird nur die Schnecke eingesetzt, die die Wurstmasse in den Trichter befördert, nicht Kreuzmesser und Scheibe. Der Schaft des Füllhorns sollte immer auf den Darmdurchmesser abgestimmt sein, damit zum einen die Därme darauf passen. Zum andern sollte aber auch ein weiter Darm nicht mit einem engen Füllhorn gefüllt werden. Ein strammes Füllen ist dabei nicht möglich, weil sich unerwünschte Hohlräume bilden.

Benötigt wird für Saitlinge ein Trichter mit einem Schaftdurchmesser von etwa

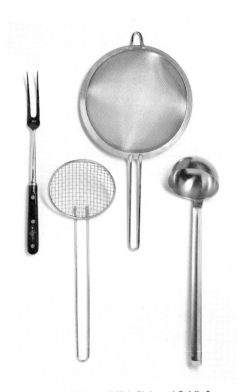

Fleischgabel, Schaumlöffel, Sieb und Schöpfer

1,3 cm, für Bratdärme von etwa 2,2 cm, für Därme mit weiterem Durchmesser ein solcher von etwa 3 bis 3,5 cm. Trichter mit weiterem Schaftdurchmesser sind nicht erforderlich.

Fleischwolf

Der Fleischwolf dient zum Zerkleinern von Fleisch und Speck und ist damit bei der Wurstherstellung unentbehrlich. Früher kannte man in den Haushalten ausschließlich den Fleischwolf mit Handbetrieb und zwar je nach Bedarf in entsprechender Größe. Er erfüllt auch heute noch seinen Zweck.

Die Ausrüstung

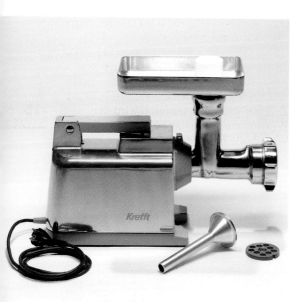

Elektrowolf mit Füllvorrichtung

Wie funktioniert ein Fleischwolf? Ganz einfach: die eingefüllte Fleisch- oder Speckmasse wird mit einer Schnecke nach vorn zum Schneidsatz befördert. Der Schneidsatz besteht aus einem sogenannten Kreuzmesser und der Lochscheibe. Größere Fleischwölfe sind häufig noch mit einem sogenannten Vorschneider ausgerüstet. Die Vorschneiderscheibe sieht aus wie eine Lochscheibe mit sehr großen Löchern. Zwischen den beiden Scheiben befindet sich ein rotierendes Messer, das auf beiden Seiten schneidet. Beim Schneidsatz ist es sehr wichtig, daß er gut schneidet. Nur so ist es möglich, eine qualitativ gute Wurst herzustellen. Ein besonders guter Schnitt ist bei schnittfester Rohwurst, Bratwurst und beim Speck für Brühwurst wichtig, sonst können Fehlfabrikationen auftreten. Der Schneidsatz muß immer gemeinsam geschliffen werden, das heißt Messer und Scheibe. Das kann nur vom Fachmann verrichtet werden. Man sollte immer einen frisch geschliffenen Satz in Reserve haben.

Ein Tip: Frisch geschliffene Sätze zunächst nur für schnittfeste Rohwurst und Bratwurst verwenden; läßt die Schärfe nach, kann damit immer noch Kochwurst oder streichfähige Rohwurst gewolft werden.

Heutzutage eher üblich sind Fleischwölfe mit Elektroantrieb. Sie sind im Fachhandel oft recht preiswert erhältlich. Wölfe gibt es auch als Zusatzgerät bei Küchenmaschinen. Wird häufiger Wurst in größeren Mengen hergestellt, sollte aber eine robuste Ausführung gekauft werden. Die Maschinen sind zwar teurer (Preisspanne 1.000 bis 1.500 DM), aber man hat dann umso länger seine Freude daran.

Es gibt Scheiben mit Lochgrößen ab 2 mm. Am häufigsten gebraucht werden die 2-, 3-, 5- und 10-mm-Scheibe. Die letztere nennt man auch Erbsen- oder Schrotscheibe. Wie bereits bei den Trichtern erwähnt, wird der Fleischwolf mit der entsprechenden Füllvorrichtung auch zum Füllen von Würsten mit fester Konsistenz eingesetzt.

Wurstfüllmaschine (Handfüller)

Es wurde bereits beschrieben, daß Kochwurst mit dem Handtrichter gefüllt wird, und daß Wurstmasse mit fester Konsistenz mit dem Fleischwolf und entsprechender Füllvorrichtung gefüllt werden kann. Wird mehr Wurst hergestellt, sollte man sich unbedingt eine Wurstfüllmaschine, in der Fachsprache Handfüller genannt, anschaffen. Sie sind ab etwa zwei Liter Inhalt erhältlich. Der Hauptnutzen liegt nicht in der Bequemlichkeit und ist kein Luxus. Warum wird dies hier so deutlich er-

Die Ausrüstung

wähnt? Beim Füllen mit dem Wolf wird die Wurstmasse mit der Schnecke nach vorn in den Trichter befördert. Die Schnecke hat im Gehäuse Spielraum. Dadurch weicht ein Teil der Wurstmasse aus und wird durch die rotierende Schnecke erwärmt. Bei Elektrowölfen ist die Gefahr durch die rotierende Schnecke größer als bei Wölfen mit Handbetrieb. Die Erwärmung führt zu Schäden in der Beschaffenheit der Wurstmasse; es kann zu Fehlfabrikationen bei den Würsten kommen. Besonderes Augenmerk sollte dabei der Fabrikation von schnittfester Rohwurst wie Salami geschenkt werden.

Die kleinen Handfüller sind in der Regel liegend, größere ab etwa sechs Liter stehend. Das Arbeitsprinzip ist gleich. Durch eine Handkurbel wird ein Kolben in einen Zylinder gedrückt. Dadurch wird die Wurstmasse durch das Füllhorn in die Wursthülle befördert.

Fleischwaage

Will man bei der Wurstherstellung eine gleichmäßige Qualität erzielen, ist die Grundvoraussetzung, die Zutaten wie Fleisch und Speck abzuwiegen. Bei kleine-

Handfüller, stehend und liegend

Die Ausrüstung

ren Mengen ist eine Küchenwaage ausreichend, die einen Wiegebereich bis etwa 2 kg hat. Gut bewährt haben sich Waagen, bei denen ein relativ großer Tarabereich eingestellt werden kann. Da die unterschiedlichen Schüsseln verschiedene Gewichte haben, stellt man die Schüssel auf die Waage und kann die Anzeige dann jeweils auf 0 stellen. So ist das Risiko sehr gering, daß ein Fehler unterläuft.

Wie genau muß die Fleischwaage sein? Hier kommt es darauf an, welche Mengen hergestellt werden. Bei 10 kg Wurstmasse spielen 100 g keine Rolle, wohl aber bei nur 1 kg. Bei kleinen Mengen sollte die Genauigkeit bei etwa 20 g liegen.

Gewürzwaage

Sollen auch die Gewürze abgewogen werden, braucht man eine wesentlich genauere Waage. Sie sollte genau aufs Gramm funktionieren. Geeignet hierfür sind Briefwaagen, auf die man ein kleines, leichtes Gefäß aus Kunststoff von maximal 10 g stellt, denn bei diesen Waagen sind die unteren Bereiche genauer als die oberen, und genau die sind für den Hobbywurster wichtig. Nicht viel teurer sind elektronische Diätwaagen. Sie haben meist einen Wiegebereich bis 1000 g und sind aufs Gramm genau. Das bedeutet, solche Waagen können sowohl für kleine Fleischmassen als auch für die Gewürze verwendet werden. Sicherlich kann man es sich auch zur Gewohnheit machen, bestimmte Maße wie Kaffeelöffel oder ein kleines Kaffeemaß für die Gewürze und Zusatzstoffe zu verwenden, aber die Waage ist doch genauer.

In dem Zusammenhang sei gleich darauf verwiesen, daß bei vielen Rezepten kleinere Gewürzmengen als 1 g (zum Beispiel 0,25 g pro kg Masse) verwendet werden. Um nur 1 kg Wurst mit den exakten Zutatenmengen herstellen zu können, bräuchte man eine Apothekerwaage. Die ist nicht nötig, man kann sich helfen, indem man aus den erforderlichen Gewürzen eine Gewürzmischung für eine Menge von 10 kg Wurstmasse herstellt. Von dieser fertigen Mischung braucht man pro kg Wurstmasse je nach Rezept beispielsweise 4 g und dazu reicht unsere Gewürzwaage schon wieder aus. Aus der Mischung wird die benötigte Menge entnommen. Der Rest kann das nächste Mal wieder verwendet werden.

Rühr- und Mixgeräte

Blitz. In der Fleischerei ist der Blitz (Kutter) bei der Brühwurstherstellung nicht wegzudenken. Mit dem Gerät wird durch die schnell rotierenden Messer die Wurstmasse nicht nur zerkleinert, sondern die Bindung wird dadurch gefördert. Horizontalkutter gibt es ab einem Inhalt von 10 Liter und die Anschaffung wäre zumindest für den Anfänger nicht lohnend. Die folgenden Geräte ersetzen den Blitz oder arbeiten ähnlich wie ein Kutter.

Das Handrührgerät und der Mixstab zeigen bei der Brühwurstherstellung keine zufriedenstellenden Ergebnisse. Selbst stärkere Mixstäbe (mit 15.000 bis 20.000 U/min) sind für das zähe Brät zu schwach. Die Rührbesen des Handrührgerätes verkleben sehr häufig.

Küchenmaschine. Für den Hobbywurster ist ein solches Gerät, das ja meist mit vielen Zusatzgeräten kombiniert werden kann, die ideale Maschine. Beim Kauf sollte auf die Leistung geachtet werden. Das Minimum sollte bei etwa 500 Watt liegen, da die Fleischverarbeitung viel Kraft kostet. Küchenmaschinen, wie sie heutzutage ja ohnehin viele Hausfrauen haben, können

Die Ausrüstung

meist mit Rührschüssel (Knethaken oder Rührbesen), Fleischwolf und speziellem Mixaufsatz mit Sichelmesser ausgerüstet werden. Das sind im Prinzip genau die Geräte, die der Hobbywurster benötigt. Der Anschaffungspreis für diese Ausrüstung liegt bei etwa 600 bis 800 DM. Die Rührschüssel ist für etwa 1,5 bis 2 kg Wurstmasse ausgelegt, der Mixbecher für maximal 500 g.

Teigknetmaschine. Will der Hobbywurster etwas größer einsteigen, ist die Küchenmaschine zu klein und somit überlastet. Die nächste Größe wäre zum Rühren eine Teigknetmaschine, wie sie zum Beispiel zum Brotteigkneten benutzt wird. Die Knetschüssel gibt es in der Regel ab einem Inhalt von sieben Liter. Damit können etwa 4 bis 5 kg Wurstteig auf einmal geknetet werden. Die kleine Teigknetmaschine kostet etwa 2.300 DM. Wer selbst Brot oder Brötchen backt, kann das Gerät doppelt nutzen.

Tischkutter. Der vertikale Tischkutter ist bestens geeignet zum Hacken des Bräts. Man sollte eine Größe von mindestens 3,5, besser 5 Liter wählen. So können beim 3,5-Liter-Kutter auf einmal bis zu 2 kg, beim 5-Liter-Kutter bis zu 3 kg Wurstmasse gehackt werden. Der 3,5-Liter-Kutter sollte eine Leistung von mindestens 1.000 Watt, der 5-Liter-Kutter von mindestens 1.300 Watt haben, um den Motor nicht zu überfordern. Der Preis liegt beim kleinen Kutter bei etwa 2.500 DM, beim größeren bei etwa 3.500 DM.

Sind jemandem die beschriebenen Größen noch zu klein, so kommt ein horizontaler Tischkutter in Frage. Der Anschaffungspreis für einen neuen 10-Liter-Kutter liegt bei etwa 7.000 DM aufwärts. Mit einem solchen Gerät können auf einmal etwa 6 kg Brät gekuttert werden.

Das Buch wurde zwar ausdrücklich für den Hobbywurster geschrieben. An dieser Stelle erscheint es aber doch wichtig, etwas weiter zu gehen. Wer nämlich erst einmal länger experimentiert und im Wurstmachen ein neues Hobby entdeckt hat, aber auch alle diejenigen, die bereits Hobbywurster sind und ihr Hobby weiter ausbauen wollen, kommen sehr schnell mit dem Wunsch nach einer professionelleren Technik. Für einen vierköpfigen Haushalt ist mit 500 g Wurst nicht viel erreicht. Da braucht man schon größere und vor allem auch robustere Geräte.

Die genannten Preise mögen vielleicht etwas erschreckend sein. Aber in wieviele Hobbys wird heutzutage noch viel mehr Geld gesteckt? Man denke nur an den Kauf eines Motorrades, an Reisen und vieles mehr. Mit diesem Hobby kann außerdem

Professionelle Mixer (Vertikalkutter)

Die Ausrüstung

sogar Geld gespart werden. Wer einmal seine ganze oder zumindest den Großteil seiner Wurst selbst herstellt, wird feststellen, daß sich die Maschinen über kurz oder lang sogar bezahlt machen. Und schließlich weiß der Hobbywurster, was in seiner Wurst enthalten ist.

Dazu noch ein Tip: Es ist keinesfalls nötig, alle Maschinen gleich auf einmal zu kaufen. Es lohnt sich auch, sich in Fachgeschäften oder auf Messen nach gebrauchten Maschinen oder Vorführgeräten umzusehen. Dann wird die Anschaffung gleich um einiges billiger.

Die in diesem Buch abgebildeten und beschriebenen Wurstsorten, die geknetet oder gehackt werden mußten, wurden alle mit einer Haushaltsküchenmaschine und den dazugehörenden Zusatzgeräten hergestellt. Die Maschine reicht für den Anfang und für kleinere Mengen, wie beschrieben, völlig aus.

Fleischthermometer

Ohne Thermometer ist die Wurstherstellung nicht denkbar. Hauptsächlich eingesetzt wird das Fleischthermometer beim Brühen (Garen) der Wurst zum Messen der Wassertemperatur. Nur so kann die Wurstherstellung in guter Qualität garantiert werden. Mit dem Fleischthermometer läßt sich die Temperatur sehr schnell und genau feststellen. Es wird zudem benötigt zum Feststellen der Brättemperatur, der Fleischtemperatur, beim Räuchern, zum Messen der Kerntemperatur bei Würsten und für vieles mehr.

Einkochtopf

Beim Hausschlachten wird ein großer Kessel zum Erwärmen von Wasser und zum Garen von Fleisch und Wurst benötigt. Werden nur geringe Mengen Wurst hergestellt, erfüllt diese Aufgabe ein Kochtopf. Dabei muß allerdings immer die Temperatur überwacht werden. Viel komfortabler und vielseitig einsetzbar ist ein elektrischer Einkochtopf. Er hat in der Regel ein Fassungsvermögen von 20 Liter. Die Temperatur wird durch einen Thermostat überwacht. Sie kann mit einem Regler eingestellt werden. Somit sind gleichbleibende Temperaturen gewährleistet. In einem solchen Topf können sehr bequem Würste gegart und auch Konserven eingekocht werden.

Lakemesser

Bei der Herstellung von Schinken ist die Meßspindel zum Feststellen der Lakestärke nicht wegzudenken. Sie ist vergleichbar mit der Gewürzwaage bei der Wurstherstellung. Die Lake wird in einem Eimer angesetzt, das Salz wird dabei ins Wasser eingerührt, bis es sich völlig aufgelöst hat. Der Messer, auch Lakewaage genannt, schwimmt je nach Konzentration der Lake tiefer oder höher im Wasser, an einer Skala kann die Stärke in Grad abgelesen werden und je nach gewünschter Lakestärke wird noch Wasser oder Salz dazugegeben. Das Gerät ist Voraussetzung für die gleichmäßige Qualität der Pökelprodukte.

Lakespritze

Bei der Schnellpökelung werden die Fleischteile in wenigen Tagen durchgesalzen. Das wäre bei normalem Einlegen in Lake nicht möglich. Dem Vorgang

Die Ausrüstung

wird deshalb mit der sogenannten Lakespritze nachgeholfen. Sie sieht aus wie eine große medizinische Spritze. Die Lake wird durch einen Schlauch zunächst in den Zylinder angesaugt und anschließend mit dem Kolben durch die Nadel ins Fleisch gedrückt. Ein Ventil regelt dabei, daß die Lake nicht durch den Schlauch nach außen tritt.

Pökelgefäße

Die Gefäße werden zum Einsalzen von Fleisch, Knochen, Schinken und dergleichen benötigt. Früher waren die Bottiche gewöhnlich aus Holz oder Ton. Tongefäße sind viel hygienischer als solche aus Holz, aber sehr schwer und sehr teuer. Heute werden in der Regel Gefäße aus Kunststoff eingesetzt. Sie sind leicht zu reinigen, haben nur ein geringes Gewicht und sind außerdem preisgünstig. Auch Kunststoffeimer können verwendet werden. Für die Pökelgefäße sollten aber Deckel zur Verfügung stehen, damit der Inhalt vor Schmutz und Ungeziefer sicher ist. Die Bottiche dürfen aber nicht luftdicht verschlossen werden.

Kochschinkenformen

Bei der Herstellung von Kochpökelwaren (zum Beispiel Kochschinken) braucht man spezielle Formen zum Garen. Sie haben die Aufgabe, den Fleischstücken die gewünschte Form zu geben, außerdem sollen sie das Aroma im Fleisch halten, das beim Kochen im Wasser verloren ginge. Kochschinkenformen sind aus Aluminium oder Edelstahl gefertigt, es gibt runde, ovale und eckige Formen. Sie bestehen aus der Wanne, in die das Fleischstück gelegt wird und dem Deckel zum Verschließen. Der Verschluß ist mit einer sogenannten Zahnfalle versehen, mit der der Druck geregelt

werden kann. Beim Kauf sollte unbedingt darauf geachtet werden, daß die Form nachher zum Garen in den Kochtopf oder den Einkochtopf paßt. Die meisten Formen sind nämlich zu groß für einen Topf, da sie bei der professionellen Schinkenherstellung normalerweise in den großen Kessel gestellt werden.

Landjägerpresse

Sie wird zum Formen der Landjäger benötigt. Landjägerpressen sind in der Regel aus Holz oder Kunststoff hergestellt. Man kann eine solche Form auch leicht selbst herstellen. Man nimmt eine Holzleiste, 6 cm breit und 4 cm dick und schneidet zwei Stücke von 35 cm Länge für die bei-

den Schenkel. Aus dem einen Schenkel stemmt man eine Vertiefung in der Form eines Wurstpaares heraus, das heißt zwei Wurstformen, je 15 cm lang, 1,5 cm tief und 2,5 cm breit. An der Stelle, an der das Paar in der Mitte getrennt wird, stemmt man nur einen kleinen Schlitz heraus, in den der abgedrehte Darm paßt. Die Form schleift man sauber nach und wäscht sie gut aus. Zum Pressen der Landjäger werden die beiden Schenkel mit den darin liegenden Würsten mit der Hand zusammengepreßt.

Fleisch, der Rohstoff für die Wurst

Fleisch, der Rohstoff

In diesem Buch wird die Herstellung von Wurst ausschließlich mit Fleisch und Speck beschrieben, nicht mit sogenannten Imitationsprodukten wie Soja oder Gemüse. Das Fleisch sollte nur in bester Qualität verwendet werden. Wenn man schlechtes Rohmaterial, gleich in welcher Form und gleich von welchem Tier verarbeitet, so kann man nicht erwarten, eine hervorragende Wurst zustandezubringen. Die Qualität leidet auf jeden Fall. Dazu gibt es bei den Fleischern einen alten Spruch, der auch heute noch gilt: „Wenn das herauskommt, was da hineinkommt, dann kommst Du in etwas hinein, aus dem Du nie wieder herauskommst!"

Einteilung der Wurstsorten

Im folgenden Text, noch vor den einzelnen Wurstrezepten, wird immer wieder die Rede von den verschiedenen Wurstarten sein, deshalb sollen diese Begriffe zunächst kurz definiert werden: Man unterscheidet in der Regel Koch-, Brüh- und Rohwürste. In diesem Buch werden außerdem die Bratwürste hinzugefügt. Bratwurst nimmt eine Zwitterstellung ein. Sie kann sowohl Brühwurst wie Rohwurst sein.

Die Wurstmasse für Kochwurst wird zum Großteil aus Fleisch hergestellt, das vorher in Wasser gekocht und in gegartem Zustand verarbeitet wird. Dabei entsteht übrigens die Metzel- oder Schlachtbrühe.

Wurstmasse für Brühwurst wird aus rohem Fleisch hergestellt. Die in Därme oder Dosen gefüllte Masse wird dann gegart (gebrüht).

Wurstmasse für Rohwurst wird roh verarbeitet und anschließend nicht gegart, sondern durch andere Verfahren wie Pökeln, Räuchern, Trocknen, haltbar gemacht.

Das Fleisch beschaffen

Wenn man sich entschieden hat, in die Wurstmacherei einzusteigen, tauchen schon ziemlich früh einige Fragen auf:
- Woher bekommt man das Fleisch?
- Welches Fleisch braucht man für welche Wurst?
- Welche Fleischarten können verarbeitet werden?
- Wie und wie lange muß oder kann das Fleisch vor der Wurstherstellung gelagert werden?

Welches Fleisch man für welche Wurst verwenden kann, wird jeweils bei den einzelnen Wurstarten beschrieben.

Wer keine Tiere aus eigener Schlachtung oder Jagd hat, wird Fleisch kaufen, meist beim Metzger. Allgemein gilt, daß der Fleischkauf Vertrauenssache ist. Dabei stellt sich vor allem die Frage, was für Tiere verarbeitet der Betrieb, woher stammen die Tiere, kauft er selbst bei heimischen Landwirten, im Schlachthof oder bezieht er Fleisch aus dem Ausland? Wie füttert der landwirtschaftliche Betrieb, von dem die Tiere stammen? Wird in dem Fleischerbetrieb die Ware frisch aufgearbeitet, kann man sicher sein, keine überlagerte Ware zu bekommen?

Für die Schlachtung gibt es strenge Bestimmungen, die sichern sollen, daß nur einwandfreie Ware in Umlauf kommt. Schlachttiere müssen vor und nach der Schlachtung von einem amtlichen Tierarzt oder Fleischbeschauer kontrolliert werden. Wenn man größere Fleischteile kauft, ist die erfolgte Kontrolle an dem sogenannten „runden Stempel" zu erken-

Fleisch, der Rohstoff

Von links nach rechts: Schweinebauch mager, Schweinefleisch 2. Wahl, Schweinefleisch 1. Wahl (Schlegelabschnitte)

Von links nach rechts: Weicher Schweinespeck, kerniger Schweinespeck und Schweinebacke

nen, mit dem sie versehen sind. In Großbetrieben ist das Fleisch noch mit dem ovalen EG-Stempel versehen. Außerdem werden sämtliche Schlachtstätten und Verarbeitungsbetriebe vom Wirtschaftskontrolldienst kontrolliert. Dadurch ist gewährleistet, daß in den Betrieben die Hygienebestimmungen beachtet werden und daß keine verdorbene Ware verarbeitet oder verkauft wird. Die Vorschriften zur Fleischbeschau gelten übrigens auch, wenn eigene Tiere (Pferde, Rinder, Kälber, Schweine, Schafe) verarbeitet werden. Sie müssen dem Fleischbeschauer rechtzeitig vor der Schlachtung gemeldet werden. Geflügel und Kaninchen unterliegen der Beschaupflicht nicht.

Fleisch von eigenen Tieren

Für jeden, der selbst Tiere hält, ist die Wurstherstellung besonders sinnvoll. Zwangsläufig kommt hier die Entscheidung, was man mit den ausgemästeten Tieren macht, vor allem aber mit älteren Tieren, die zur Nachzucht verwendet wurden. Es ist natürlich ideal, wenn man das Fleisch von eigenen Tieren verwenden kann. Man weiß, wie die Tiere gefüttert und gehalten werden. Man kann, jedenfalls begrenzt, die Fleischqualität beeinflussen und natürlich ist die Frische gewährleistet. Für den Halter von nur wenigen Tieren ist es heute oft besonders schwierig, die Tiere zu vermarkten, vor allem Kleinvieh wie Schaf oder Ziege. Man erzielt nur einen geringen Erlös für Tiere, die längere Zeit im Stall oder auf der Weide gehalten wurden, vor allem bei älteren Tieren ist ein Verkauf oft gar nicht mehr möglich. Das gilt auch für Wild, zum Beispiel ein älteres Reh oder Wildschwein. Man kann aus all dem aber noch immer eine gute Wurst herstellen.

Fleisch von Landwirten mit Direktvermarktung

Nur die wenigsten können das Fleisch für die Wurstherstellung selbst produzieren. In diesem Buch wird aber gezeigt, daß jeder Haushalt zumindest bestimmte Wurstsorten selbst herstellen kann. Dazu muß man auch keineswegs auf dem Land wohnen.

Eine Möglichkeit, Fleischteile für die Wurstherstellung zu beschaffen ist, sich mit einem Direktvermarkter von Fleisch in Verbindung zu setzen. Ein Direktvermarkter ist ein landwirtschaftlicher Betrieb mit Tierhaltung, der Fleischwaren an den Endverbraucher verkauft. Dabei gibt es verschiedene Varianten:
- Es gibt Betriebe mit Produktion in biologischer Wirtschaftsweise, zum Beispiel Demeter.
- Es gibt natürlich auch Betriebe in herkömmlicher, konventioneller Wirtschaftsweise.

Die Entscheidung, welche Schwerpunkte man setzen möchte, ist jedem selbst überlassen. Fleisch aus biologischer Wirtschaftsweise ist natürlich teurer. Zum anderen muß unterschieden werden, wie man einkaufen will.
- Es bietet sich zum Beispiel an, gleich ein halbes Schwein zu kaufen und es zerlegen zu lassen. Nun kann man die wertvollen Fleischteile wie Oberschale, Kotelett, Filet und dergleichen in Portionen einfrieren oder für die Schinkenherstellung verwenden. Verwurstet werden dann nur die Abschnitte, die beim Zerlegen und Zuschneiden anfallen.
- Die andere Möglichkeit ist, jeweils nur die Abschnitte zu kaufen, die man für die gewünschte Wurst benötigt.

Oftmals ist es gerade für Leute, die in der Stadt wohnen, interessant, auf dem Bauernhof einzukaufen. Man lernt die Zusammenhänge der Nahrungsmittelproduktion besser kennen. Außerdem ist es für Familien mit kleinen Kindern meist ein besonderes Erlebnis, einen Bauernhof zu besuchen.

Nun taucht möglicherweise die Frage auf, wie man an solche Höfe kommt. Die Landesbauernverbände haben meist Verzeichnisse solcher Betriebe oder können Auskunft geben. Direktvermarkter haben ganz unterschiedliche Angebote. Sie bieten beispielsweise Geflügel oder Schweinefleisch, aber außerdem vielleicht auch noch Eier und Marmelade an. So kann man den Einkauf wirtschaftlicher gestalten.

Fleisch vom Metzger

Besonders hilfreich ist es, guter Kunde bei einem Metzger zu sein. In den meisten Fleischereien ist es heute üblich, daß aus einem Aushang ersichtlich ist, woher die Schlachttiere stammen, die in der laufenden Woche verarbeitet werden. Damit ist gewährleistet, daß man einwandfreie Ware erhält, die bedenkenlos verwurstet werden kann. Sicher wird man etwas mehr bezahlen müssen als im Supermarkt, da ein Kleinbetrieb eine andere Kalkulationsbasis hat, wenn er das Fleisch nicht wie der Supermarkt aus der Großschlächterei bezieht. Aber hier ist eine persönliche Beratung möglich und wird auch auf Sonderwünsche eingegangen. Wer regelmäßiger Kunde bei einem Metzger ist und dort alles kauft, kann bestimmt auch einmal etwas zum Räuchern geben und damit zunächst bei der Einrichtung sparen. Wer sonst nichts beim Metzger kauft, kann einen solchen Kundendienst allerdings kaum verlangen.

Putenfleischabschnitte

Magere Rindfleischabschnitte

Fleisch vom Großhandel

Jeder kennt die Sonderangebote und Werbeanzeigen von Supermärkten, mit denen unter anderem Fleischteile sehr billig, oft weit unter den Preisen, zu denen sie produziert werden können, angeboten werden. Darunter sind natürlich auch Teilstücke, wie sie für die Wurstherstellung gebraucht werden. Kalkulatorisch kauft man hier am günstigsten, das ist keine Frage. Wird jedoch vom Supermarkt die Herkunft nicht garantiert, sollte man auf die Ware verzichten und sei sie noch so günstig. Supermarktware soll damit nicht grundsätzlich schlecht gemacht werden. Auch diese Betriebe unterliegen den strengen Kontrollen der Aufsichtsbehörden. Aber Fleisch ist nicht gleich Fleisch. Und wer denkt nicht an die Lebensmittelskandale, die doch leider immer wieder vorkommen. Auch Eberfleisch, mittlerweile zugelassen, wenn es als solches deklariert ist, gehört nach Meinung vieler Fachleute auch heute nicht in die Verarbeitung.

PSE- und DFD-Fleisch

Diese Begriffe hat bestimmt jeder schon einmal gehört. Ein Wurstmacher sollte aber auch wissen, was die Abkürzungen bedeuten, wie solches Fleisch entsteht und welche Auswirkungen es hat.

- PSE ist die Abkürzung für pale, soft, exudative = blaß, weich, wäßrig.
- DFD bedeutet dark, firm, dry = dunkel, fest, trocken.

Das Auftreten der PSE- und DFD-Konsistenz von Fleisch ist sehr stark von der Behandlung der Tiere vor der Schlachtung abhängig. Außerdem spielen die Rasse und die Fütterung eine Rolle. Bei PSE-Fleisch geht der Säuerungsprozeß nach der

Lammfleischabschnitte von der Keule

Schlachtung zu schnell vor sich. Es ist hauptsächlich bei Schweinen und zwar bei den Fleischteilen Schlegel, Kotelett und Schulter anzutreffen. DFD-Fleisch kommt verstärkt bei Rindern, seltener bei Schweinen vor, dabei tritt das Gegenteil ein, nämlich der Säuerungsprozeß geht zu langsam vor sich. Wird PSE- oder DFD-Fleisch beispielsweise zur Rohwurstherstellung verwendet, führt das ziemlich sicher zu Fehlprodukten.

Lagerung vor der Wurstherstellung

Wenn Fleischteile zur Wurstherstellung gekauft, aber nicht sofort verarbeitet werden, müssen sie auf jeden Fall bei Temperaturen zwischen +1 und +5 °C gelagert werden, damit sich Bakterien nicht zu stark vermehren können. Ganze Fleischteile sollten nach Möglichkeit an Haken in einem kühlen Raum bei den genannten Temperaturen aufgehängt werden. Abschnitte werden in Schüsseln oder Wannen gelagert. Dabei sollte das Fleisch nicht zu hoch geschichtet werden, damit zum einen eine gute Durchkühlung gewährleistet ist und zum anderen das Fleisch nicht durch sein Eigengewicht gedrückt wird und zu viel Saft zieht. Es sollte nicht höher als 20 cm geschichtet werden.

Noch warmes Fleisch darf sogar nicht höher als 10 cm geschichtet werden. Besonders vorsichtig muß man bei Speck sein. Er „erstickt" und verfärbt sich bei falscher Lagerung grünlich-gelb. Speckabschnitte sollten, wenn sie noch nicht durchgekühlt sind, einzeln ausgelegt werden.

In Haushalten sind große kühle Räume heute nur noch selten anzutreffen. Hier wird das Fleisch im Kühlschrank, wie beschrieben, gelagert.

Wird bereits gewolftes Fleisch (Hackfleisch) gekauft, muß man bei der Lagerung besonders sorgfältig sein. Durch das Wolfen wird die Oberfläche des Fleisches stark vervielfältigt. Dadurch ist die Ausbreitungsfläche für Bakterien besonders groß, und so beschleunigt sich der Verderb der Ware. Die Lagerzeit sollte einen Tag nicht überschreiten. In Fleischereibetrieben ist dies durch das Hackfleischgesetz geregelt. Das Gesetz betrifft zwar nur Ware, die in Umlauf gebracht, das heißt verkauft wird, man sollte es aber trotzdem beachten. Wird Hackfleisch zur Wurstherstellung gelagert, kann die Lagerung um ein bis zwei Tage verzögert werden, indem man die Fleischteile ansalzt und vermengt. Es ist aber besser, wenn man einen eigenen Fleischwolf hat und das Fleisch und den Speck höchstens einen Tag vor der Wurstherstellung oder unmittelbar vorher wolft.

Lagerdauer des Fleisches

Die Lagerdauer ist davon abhängig, welche Wurst hergestellt werden soll. Für Kochwürste sollte das Fleisch schlachtwarm, das heißt, sofort nach der Schlachtung verarbeitet werden. Dies ist der Idealzustand, der leider nicht immer eingehalten werden kann. Die meisten Betriebe schlachten nur montags. Es wäre also mit dem Metzger abzustimmen, daß die Fleischteile sofort nach der Schlachtung abgeholt werden können. Wer Kesselfleisch kocht, das schon ein oder zwei Tage alt ist, wird sofort bemerken, daß das Aroma nicht dem von schlachtwarm gekochtem Fleisch entspricht. Sollte kein schlachtwarmes Fleisch erhältlich sein, sollte es auf keinen Fall mehr als zwei Tage alt sein. Das gilt auch für Innereien und Blut.

Für Brat- und Brühwürste ist es ideal, wenn das Fleisch einen Tag nach der Schlachtung zerlegt wird. Anschließend sollte es nochmals einen halben bis einen Tag gekühlt und dann verwurstet werden. Hier gilt, je frischer das Fleisch verarbeitet wird, desto länger ist nachher die Haltbarkeit der Wurst. Sind die Abschnitte richtig gelagert, kann die Lagerzeit bis zu fünf Tage betragen, aber wie bereits gesagt, die Wurstqualität wird dadurch nicht verbessert.

Am kritischsten ist die Lagerung der Rohstoffe für die Rohwurstherstellung. Das Fleisch und der Speck müssen nach der Schlachtung sofort und schnell heruntergekühlt werden. Hier ist es ideal, das Material am dritten Tag nach der Schlachtung zu verarbeiten, denn dann ist der Säuregehalt im Fleisch ideal. Sollte die Verarbeitung zu diesem Zeitpunkt nicht möglich sein, muß das Material eingefroren werden.

Zusatzstoffe und Gewürze

Zusatzstoffe und Gewürze

Ohne Gewürze und Zusatzstoffe ist die Wurstherstellung nicht möglich und zwar nicht nur aus geschmacklichen Gründen, sondern auch aus Gründen der Haltbarkeit. Durch Zugabe oder Weglassen, auch Steigerung oder Minimierung kann der Geschmack einer Wurst gesteuert oder verändert werden. Metzger machen daraus nicht nur eine Wissenschaft, sondern oftmals auch ein Geheimnis, denn nur so ist es möglich, sich vom anderen zu unterscheiden. So entsteht der Ruf, der Metzger X habe die beste Knackwurst, der Metzger Z mache das beste Rauchfleisch. So hat es nun auch der Hobbywurster in der Hand, an der Geschmacksschraube zu drehen.

Beim Kauf von Gewürzen und Zusatzstoffen sollte nur beste Qualität gekauft werden. Es ist kaum zu glauben, welche Unterschiede bei Gewürzen und Zusatzstoffen herrschen. Wird öfter und mehr Wurst hergestellt, sollten unbedingt größere Gebinde gekauft werden. Kleine Packungen sind oft außerordentlich teuer. Auf der anderen Seite sollten natürlich angebrochene Packungen nicht jahrelang herumliegen, denn die Qualität leidet darunter. Im folgenden werden nun die wichtigsten Zusatzstoffe und Gewürze beschrieben.

Salz ist mehr als ein Gewürz

Kochsalz

Salz ist ein Zusatzstoff, der in der Wurstherstellung nicht wegzudenken ist. Man stelle sich eine salzlose Wurst vor, ebenso wie eine versalzene wäre sie so gut wie ungenießbar. Das Salz hat aber bei weitem nicht nur die Aufgabe, Würste genießbar zu machen. Vielmehr hat es konservierende Wirkung. Man spricht auch von einem Hemmer bei der Ausbreitung von Bakterien oder einem Abtöter von Bakterien. Zudem wird durch Salz die Bindung von Eiweiß in der Wurstmasse gefördert. Dies ist vor allem bei der Herstellung von Leberwurst und Brühwurst wichtig. Aus gesundheitlichen Gründen ist man mit der Zugabe von Salz in den letzten Jahren zurückhaltender geworden. Man verwendet ungefähr 20 g pro kg Wurstmasse.

Nitritpökelsalz

Sicher ist schon jedem einmal aufgefallen, daß manche Würste ein graues, eher unappetitliches Aussehen haben, andere ein rötliches, eher appetitanregendes. Die Rötung entsteht durch die Zugabe von Nitritpökelsalz. Im Nitritpökelsalz werden dem Kochsalz etwa 0,5 % Natriumnitrit beigemischt. Die Herstellung darf nach dem Nitritgesetz nur von speziellen, streng überwachten Firmen durchgeführt werden. In den vergangenen Jahren kam das Pökelsalz in Verruf wegen seiner gesundheitsschädlichen Wirkung, die auftreten kann. Das ist vor allem der Fall, wenn die Fleisch- und Wurstwaren in erhitztem Zustand verzehrt werden. Dabei bilden sich Nitrosamine, die eine krebserregende Wirkung haben sollen. Abgesehen von der Umrötung, hat das Niritpökelsalz aber noch weitere Vorteile. So wäre ohne dessen Einsatz zum Beispiel die Herstellung von schnittfesten Rohwürsten (zum Beispiel Salami) nicht möglich. Die Würste werden durch das Pökeln haltbarer, da der Pökelstoff besonders hemmend auf Mikroorganismen wirkt.

Bei der Beschreibung und Abbildung der Rezepte wurde der gesundheitliche Aspekt nicht berücksichtigt. Genau darin

Zusatzstoffe und Gewürze

liegt aber oftmals das Hauptargument für die eigene Wurstherstellung. In den Rezepten wird jeweils die für Aussehen, Geschmack und Haltbarkeit der Wurst erfahrungsgemäß beste Salzart angegeben. Wer auf die Verwendung von Pökelsalz verzichten möchte, kann stattdessen ausschließlich Kochsalz verwenden (wie bereits erwähnt, mit Ausnahme der schnittfesten Rohwurst).

Salz sollte unbedingt luftdicht aufbewahrt werden, da es sonst Wasser zieht und klumpt.

Wichtige Zusatzstoffe

Zusatzstoffe haben bei der Wurstherstellung im wesentlichen zwei Funktionen, nämlich die Haltbarkeit zu unterstützen und als Bindemittel zu wirken.

Zucker

Zucker hat in der Wurstherstellung keine Bedeutung als Gewürz, wohl aber als Zusatzstoff für die Haltbarkeit von Rohwurst. Wird die schnittfeste Rohwurst mit Naturgewürzen hergestellt, ist das ohne Zucker kaum möglich.

In der Regel gibt man 3 g pro kg zu. Mehr Zucker führt zu einer Übersäuerung der Wurstmasse, außerdem schmeckt man den Zucker in der fertigen Wurst.

Zucker fördert die Milchsäurebildung, die zur Haltbarmachung der schnittfesten Rohwurst unbedingt erforderlich ist. In der Regel verwendet man den feinkörnigen Rübenzucker, wie er im Haushalt verwendet wird. Traubenzucker ist bei der Naturreifung der Rohwurst nicht geeignet, da die Säuerung zu schnell eintritt. Bei weiten Därmen mit etwa 6–7 cm Durchmesser kann eventuell 1 g Traubenzucker zugegeben werden.

Sollte einer Wurstsorte versehentlich zu viel Salz zugegeben worden sein, und man bemerkt es noch beim Abschmecken, so kann etwas Zucker zugegeben werden. Dadurch wird der Salzgeschmack etwas gelindert; dem sind aber Grenzen gesetzt. In der fertigen Wurst darf der Zucker auf keinen Fall herausschmecken.

Zucker hat außerdem eine umrötende Funktion. Will man eine rötlich aussehende Wurst, die aber trotzdem unter betont gesundheitlichen Aspekten hergestellt ist, könnte zum Beispiel zur Hälfte Kochsalz und nur zur Hälfte Pökelsalz zugegeben werden. Zusätzlich gibt man dann noch 2 g Zucker pro kg Wurst zu.

Kutterhilfsmittel

Diese Mittel, auch Bindemittel genannt, werden in der Fleischerei bei der Brühwurstherstellung mit dem Blitz verwendet, um das Absetzen von Fett oder Gelee zu verhindern. Das ist zum Teil durch Salz zu erreichen, das, wie bereits erwähnt, unter anderem eine bindende Wirkung hat. Aber wegen der Gefahr der Übersalzung des Endprodukts kann nur begrenzt Salz zugegeben werden. Deshalb wird der Wurstmasse zu Beginn der Herstellung ein Kutterhilfsmittel zugegeben.

Es gibt verschiedene Arten von Bindemitteln, es genügt hier Phosphat zu nennen, gegen das allerdings gelegentlich gesundheitliche Bedenken vorgebracht werden. Die Menge richtet sich nach der Angabe des Herstellers, in der Regel benötigt man 3–5 g je kg Wurstmasse. Der Hilfsstoff wird der Wurstmasse wie das Salz gleich zu Beginn des Rührens oder Kutterns zugegeben. Für dieses Buch wurden die Wurstrezepte mit und ohne Phosphatzugabe ausprobiert. Da an den Ergebnissen kein wesentlicher Unterschied zu erkennen war, ist in den Rezepten kein Bindemittel aufgeführt. Sollte es bei der Wurstherstellung zu Problemen kommen, kann man Phosphat verwenden, denn der Fett- und Geleeabsatz mindert die Qualität bei der Brühwurstherstellung erheblich. Übrigens hat Backpulver eine ähnliche Wirkung.

Geschmacksverstärker

Das ist ein Hilfsstoff, der das Aroma einer Wurstsorte verfeinert. Besonderen Einsatz findet Geschmacksverstärker zum Beispiel bei Brühwurstsorten, aber auch bei Bratwurst und bei der Pökelung, indem man den Stoff unter die Lake rührt. Der Einsatz sollte gemäß der Gebrauchsanleitung erfolgen. Ähnliche Stoffe werden in der Küche zum Beispiel bei der Herstellung von Suppen, Salaten und Soßen verwendet. Es sollte aber nicht zuviel zugegeben werden, da die Geschmacksrichtung dadurch leicht künstlich wirkt. Untersuchungen haben auch schon gezeigt, daß Geschmacksverstärker Auslöser von Allergien sein können.

Umrötehilfsmittel

Die Umrötung erfolgt in der Regel durch das Nitritpökelsalz. Durch das „Rötemittel", wie es in der Umgangssprache heißt, wird dieser Prozeß intensiviert. Umrötehilfsmittel sind Verbindungen mit Ascorbinsäure. Sie haben bei der Hobbywurstherstellung wenig Bedeutung.

Reifemittel

In der Rohwurstherstellung wird heute aus Gründen der Rationalisierung und aus kalkulatorischen Gründen das Schnellreifeverfahren angewandt. Dabei werden der Wurstmasse Fertigmischungen beigegeben, die bereits Reifemittel enthalten. Dies soll hier nur kurz erwähnt werden, um die Begriffe einzuführen. Hier handelt es sich zum Beispiel um M+L-Starterkulturen, dabei steht M für Mikroorganismen und L für Laktobakterien.

Außerdem taucht in Beschreibungen gelegentlich die Abkürzung GdL auf, die ausgeschrieben Glucono-delta-Lacton heißt.

Diese Mittel beschleunigen die Herstellung der schnittfesten Rohwürste und geben der Produktion damit mehr Sicherheit. Auf das Thema wird bei der Rohwurstproduktion nochmals näher eingegangen (siehe Seite 89).

Gewürze

Pfeffer

Weißer Pfeffer stammt aus den geschälten, reifen Samen des Pfefferstrauchs, der in heißen Ländern (Südostasien, Westafrika) wächst. Schwarzer Pfeffer sind die unreifen, getrockneten Beeren. Es wird oft gefragt, welcher Pfeffer wo eingesetzt werden soll. Das ist im Prinzip egal. Es geht mehr oder weniger um das Aussehen des Fertigprodukts. So wird schwarzer Pfeffer meist bei Blut- oder Rohwurstsorten eingesetzt, der weiße Pfeffer bei den übrigen Wurstsorten. Die Menge liegt in der Regel bei 1,5–4 g je kg Wurstmasse. Beide Pfefferarten sind im Handel auch als Körner und in geschroteter Form erhältlich. Pfefferkörner werden zum Beispiel beim Schinkensalzen verwendet, der geschrotete, auch gerissener Pfeffer genannt, wird für Rohwürste verwendet und zwar bis zu 10 g pro kg Wurstmasse.

Piment

Dabei handelt es sich um eine unreif geerntete Beere des Pimentbaumes. Die Heimat liegt in Westindien und Mittelamerika. Piment wird auch Nelkenpfeffer, Neugewürz oder Modigewürz genannt. Piment wird vor allem bei Kochwurstarten in Mengen bis 2 g je kg Wurstmasse verwendet. In Franken wird Piment auch bei anderen Wurstsorten wie Bratwurst eingesetzt.

Muskat und Mazisblüte

Die Muskatnuß ist ein eiförmiger Samen, der in einem rötlich-bräunlichen Samenmantel liegt. Dieser Mantel ist die Mazis. In der Umgangssprache bezeichnet man Mazis auch als Muskatblüte. Muskatbäume gibt es vorwiegend in Südostasien. Muskat wird bei sämtlichen Koch- und Brühwürsten, Mazis überwiegend bei Brühwurstsorten eingesetzt. Zuviel Muskat macht bitter, die Grenze liegt bei 0,5–1 g je kg Wurstmasse, für Mazis bei 1 g. Mazis und Muskat sollten auf keinen Fall bei Rohwurst Einsatz finden, da sie einen bitteren Geschmack verursachen.

Nelken

Gewürznelken haben bei der Wurstherstellung nur eine geringe Bedeutung. Zu viel Nelkengewürz gibt der Wurst einen beissenden Geschmack.

Majoran

Von dem würzigen Kraut werden die Blätter verwendet. Besondere Bedeutung haben Anbaugebiete in Thüringen. Majoran wird in der Regel getrocknet und gerebbelt, vor allem bei Leber- und Blutwurstsorten eingesetzt. In Franken und Thüringen hat Majoran zudem Bedeutung bei Brüh- und Bratwurstsorten. Einsatz bis 3 g pro kg Wurstmasse.

Thymian

Für Thymian gilt ähnliches wie für Majoran, jedoch wird maximal 1 g pro kg Wurstmasse verwendet, da die Würzkraft stärker ist als die von Majoran.

Essig

Essig wird in der Regel aus Wein oder anderen vergorenen Obstsäften gewonnen. In der Wurstherstellung hat er Bedeutung bei der Weißen Preßwurst oder beim Gelee für Sülzen.

Koriander

Das Gewürz wird überwiegend in Südeuropa angebaut. Die Früchte ähneln den Pfefferkörnern. Koriander wird meist in grob gemahlener Form in Mengen bis zu 1 g pro kg Wurstmasse bei Brüh- und Rohwurst eingesetzt. Ganzer Koriander wird beim Schinkensalzen verwendet.

Paprika

Die Hauptanbaugebiete für Paprika liegen in Mitteleuropa, aber auch in Südamerika. Sehr bekannt ist der ungarische Paprika. Es gibt edelsüße und scharfe Sorten. Edelsüßer Paprika wird zum Beispiel bei Brühwurst in Mengen von 2 g, scharfer Paprika bei Koch- und Rohwurst bis zu 1 g je kg Wurstmasse eingesetzt.

Zimt

Hierbei wird die Rinde des in Malaisia vorkommenden Zimtbaumes verwendet. Zimt hat bei der Wurstherstellung geringe Bedeutung, jedoch wird in rheinländischen Regionen Zimt bei Blutwurstarten in Mengen von maximal 0,5 g je kg zugegeben.

Ingwer

Als Ingwer wird der getrocknete und gemahlene Wurzelstock der südostasiatischen Ingwerstaude verwendet. Dieses Gewürz wird vorwiegend bei Brühwurst, auch bei weißer Preßwurst und Leberwurst in Mengen von maximal 0,5 g je kg Wurstmasse eingesetzt.

Kardamom

Hierbei handelt sich um eine südostasiatische Kapselfrucht, die wie Ingwer verwendet wird, jedoch nur mit 0,25 g je kg Wurstmasse.

Zwiebel

Zwiebeln sind sehr wichtig für die Wurstherstellung. Sie werden vor allem den Koch- und Brühwürsten zugegeben. Nicht eingesetzt werden sollten Zwiebeln bei der Herstellung von Rohwürsten, da sie die Wurst sehr rasch verderblich machen. Für Kochwürste liegt die Maximalmenge bei etwa 50 g, für Brat- und Brühwürste bei etwa 10 g je kg Wurstmasse. Bei Zugabe werden die Zwiebeln in der Regel mit der Wurstmasse gewolft. Die Zwiebeln sollten nach dem Wolfen relativ schnell verarbeitet werden, da sie sonst bitter werden.

Knoblauch

Knoblauch eignet sich für sämtliche Wurstarten. Dabei gehen die Geschmäcker weit auseinander. Viele Leute hassen den Geschmack, andere wieder wollen eine intensive Knoblauchwürzung. Im Handel ist auch Knoblauchpulver erhältlich. Es würzt nicht so intensiv wie frischer Knoblauch. Der schärfste Knoblauch ist der wildgewachsene vom Feld.

Zitrone

Zitronenschale und Zitronensaft werden häufig bei Bratwürsten eingesetzt und runden den Geschmack ab. Man kann den Saft der Zitrone ebenso wie im Handel erhältliche Zitronensäure sowie geriebene oder getrocknet gemahlene Zitronenschale verwenden.

Wacholderbeeren

Wacholderbeeren sind die Früchte des auch in Deutschland in Heidelandschaften wachsenden Wacholderstrauches. Die Beeren werden vorwiegend bei der Schinkensalzerei eingesetzt. Oftmals werden die Beeren, aber auch das Holz dem Sägemehl beim Kalträuchern zugegeben. Das verfeinert das Aroma des Rauches.

Fertigmischungen

Auf den vorhergehenden Seiten wurden die gängigen Naturgewürze beschrieben. Durch ihren Einsatz kann die „persönliche Note" betont werden. Im Fachhandel werden heute für jede Wurstsorte sogenannte „Fertiggewürze" angeboten. In diesen Mischungen sind die einzelnen Gewürze bereits aufeinander abgestimmt; der Wurst muß nur noch Salz und die Fertigmischung zugegeben werden. Solche Mischungen können durch das eine oder andere Gewürz ergänzt werden, aber Gewürze, die man nicht mag, können nicht herausgenommen werden. Die individuelle Geschmacksrichtung kann also nicht mehr ganz zum Ausdruck gebracht werden.

Für Hobbywurster, die sich das Würzen mit Naturgewürzen absolut nicht zutrauen oder die Zeit nicht haben, sind die Mischungen sicher zu empfehlen. Der Nachteil ist, daß die Mischungen beim Erzeuger oftmals nur in Großpackungen ab 1 kg erhältlich sind. Im Fleischereibedarfshandel ist man da und dort bereit, Mengen ab 100 g abzugeben. Der Preis ist dadurch aber höher.

Bei Koch- und Rohwurst sollten nach Möglichkeit Naturgewürze verwendet werden, da diese Sorten gar nicht so fein im Geschmack abgestimmt sein sollen. Eine gute Lösung ist auch, mit Naturgewürzen zu arbeiten und durch Zugabe einer Fertigmischung den Geschmack noch etwas abzurunden. Das muß natürlich beim Abwiegen berücksichtigt werden.

Bei der Brühwurstherstellung wird auf einen sehr fein abgestimmten Geschmack Wert gelegt. Das ist durch Verwendung von Naturgewürzen fast nicht möglich. Die Fertigmischungen sind von den Herstellern durch Zugabe der verschiedensten Gewürze und Extraktstoffe in nur geringen Mengen ausgetüftelt. Für jede Sorte werden spezielle Mischungen angeboten. Man wird bestimmt nicht für jede Wurstsorte eine Fertigmischung kaufen können, es genügt aber in der Regel ein Aufschnittgewürz und die Zugabe von Naturgewürzen. Bei den Rezepten wird jeweils darauf verwiesen.

Verarbeitung der Wurstmasse in Konserven

Verarbeitung in Konserven

Beim Hausschlachten wird die meiste Wurstmasse in Dosen oder Gläsern konserviert. Durch diese Methode, in der Fachsprache Sterilisieren genannt, kann Wurst relativ lange und sicher ohne qualitative Verluste aufbewahrt werden. Nahezu sämtliche Wurstarten, mit Ausnahme von Rohwurst, sind dazu geeignet. Auch Fleischstücke können eingekocht (sterilisiert) werden. Es ist sehr wichtig, daß bei der Sterilisation hygienisch und mit Sorgfalt vorgegangen wird. So kann das Einmachgut bis zu einem Jahr und länger gelagert werden. Einkochen hat gegenüber dem Tiefkühlen (siehe Seite 62) den Vorteil, daß die Konsistenz und der Geschmack der Wurstmasse besser erhalten bleiben. Jeder weiß, daß Speck oder Wurst ranzig schmecken, wenn sie zu lange in der Gefriertruhe liegen. Das ist bei Konserven nicht der Fall. Mit Konserven ist man außerdem absolut zeitunabhängig. Sie können jederzeit geöffnet werden. Auch im Sommer kann in einer Kühltasche leicht eine Dose Wurst mitgenommen werden.

Auswahl von Dosen und Gläsern

Wurstmasse in Dosen

Bei Dosen unterscheidet man die Dauerdosen mit dem sogenannten Patentverschluß und die Konservendosen, wie sie auch als Obst- oder Gemüsekonserven im Handel sind. Bei letzteren benötigt man zum Schließen eine spezielle Dosenverschließmaschine und außerdem jedesmal einen neuen Deckel. Die Dose selbst kann also mehrmals verwendet werden. Sie muß dann jeweils vor dem Füllen mit einer Spezialvorrichtung an der Dosenverschließmaschine abgeschnitten werden. Für den Hobbywurster lohnt sich die Anschaffung einer solchen Maschine nicht.

Für den Hobbywurster gut geeignet sind die Dauerdosen mit Patentverschluß. Sie bestehen aus der Dose, dem Deckel, dem Gummiring und dem Verschlußring, der in der Umgangssprache auch „Schnalle" genannt wird. Die Dosen haben in der Regel einen Inhalt von 0,5 l.

Sämtliche Teile müssen absolut trocken gelagert werden, damit sie nicht korrodieren. Beim Entnehmen des Inhalts darf auf keinen Fall mit einem spitzen oder scharfen Gegenstand in der Dose herumgekratzt werden. Dadurch wird die Beschichtung beschädigt. Auch hierbei ist Korrosion die Folge. Vor dem Füllen werden die Teile in heißem Wasser gespült. Außerdem sollte jedesmal ein neuer Gummiring in den Deckel eingelegt werden. Dabei muß darauf geachtet werden, daß er nicht verdreht ist, sonst ist die Dose hinterher nicht dicht. Werden die Dosen im Keller gelagert, können sie außen leicht mit Salatöl eingerieben werden, damit sie in der feuchten Kellerluft nicht rosten.

Wurstmasse in Gläsern

Dem Hobbywurster wird empfohlen, Gläser zu verwenden. Der größte Vorteil liegt darin, daß ein Glas wesentlich hygienischer ist als eine Dose, da es nicht rostet und besser zu reinigen ist. Der zweite Vorteil ist, daß kein Müll anfällt, da Gläser sehr lange verwendet werden können. Natürlich sind Gläser auch eine Kostenfrage. Gläser sind zwar teurer als Dosen, durch ihre lange Verwendbarkeit sind sie aber im Vergleich zur Dose sparsamer.

Während Dosen meist nur in einer oder zwei Größen angeboten werden, gibt es bei

Verarbeitung in Konserven

den Gläsern verschiedene Größen, zum Beispiel mit einem Inhalt von 200 g, 400 g, 800 g. Sie sind für jeden Haushalt geeignet.

Es gibt Gläser mit Gummiring und Deckel und solche, die nur mit einem Schraubdeckel verschlossen werden. Gläser mit Gummring werden beim Konservieren von Wurst nur noch selten verwendet. Hier haben sich die Gläser mit Schraubdeckel durchgesetzt. Der Schraubdeckel kann nachgekauft werden, wenn also nur der Deckel beschädigt ist, muß nicht das ganze Glas weggeworfen werden. Es handelt sich bei diesen Gläsern um „Sturzgläser", das heißt, das Glas hat eine gerade Wandung und ist oben mindestens so weit wie am Boden. Die Wurst kann also beim Öffnen im Ganzen aus dem Glas entnommen und in schöne Scheiben geschnitten werden. Bei Dosen ist das ebenfalls möglich, nicht aber bei bestimmten Gläsern mit Gummiring.

Füllen und Einkochen der Konserven

Ist die Wurstmasse fertig zubereitet, werden die Gläser oder Dosen sofort gefüllt. Bei Kochwurst muß das auf jeden Fall geschehen, solange die Masse noch flüssig ist. Brat- und Brühwurst wird mit der Hand gestopft. Die Wurstmasse muß dabei fest in das Gefäß gedrückt werden, damit die Luft entweicht. Es sollten möglichst wenig Hohlräume entstehen.

Schraubgläser und Dosen mit Patentverschluß werden bis etwa 1 cm unter den Rand gefüllt. Nur Dosen, die mit einer Verschlußmaschine verschlossen werden, füllt man randvoll. Werden die Gläser zu

Füllen von Gläsern mit dem Schöpflöffel

voll gefüllt, quillt die Wurstmasse durch die Ausdehnung beim Einkochen heraus, und die Konserve wird unter Umständen undicht. Bei Gläsern kann es außerdem passieren, daß sie durch die Ausdehnung zerspringen.

Nach dem Füllen wird der Rand mit einem sauberen feuchten Tuch abgewischt, damit ein sicherer Verschluß gewährleistet ist. Nun werden die Konserven bis zum Einkochen kühl aufbewahrt. Dabei dürfen die Dosen oder Gläser auf keinen Fall verschlossen oder aufeinander geschichtet werden, damit sie rasch auskühlen können und Keimen keine Möglichkeit zur raschen Vermehrung und zum Verderb der Wurst gegeben wird. Das gilt besonders für die warme Kochwurstmasse.

Vor dem Einkochen werden die Konserven sorgfältig verschlossen. Das Einkochen geschieht in der Regel im Einkochtopf. Dabei stellt man Dosen ins bereits kochende Wasser. Bei den Gläsern ist das wegen des Temperaturunterschieds zum Glas zu gefährlich. Sie können leicht zerspringen. Der Einkochtopf wird verschlossen und der Inhalt möglichst rasch erhitzt. Vom Zeitpunkt des Siedebeginns (etwa 98 °C) müssen Konserven mit 400 g Inhalt zwei Stunden kochen. Dabei ist es wichtig, daß das Wasser immer strudelt und die Konserven immer mit Wasser bedeckt sind. Werden kleinere Konserven (200 g) eingekocht, genügen 90 Minuten. Die Konserven sollten mit einem Lattenrost beschwert werden, damit sie nicht schwimmen.

Man spricht in der Fachsprache bei dieser Einkochmethode von Halbkonserven, da bei 100 °C noch nicht alle Bakterien abgetötet werden können und die Haltbarkeit daher begrenzt ist. Bei Vollkonserven muß die Temperatur etwa 120 °C erreichen. Das ist nur in einem sogenannten

Druckkessel möglich. Diese Konserven sind länger haltbar. Man kann sich behelfen, indem man dem Kochwasser Salz (mindestens 30 g pro Liter Wasser) zugibt. Dadurch wird die Siedetemperatur um einige Grad erhöht. Das ist in der Praxis aber nicht üblich. Metallkonserven, die in Salzwasser eingekocht wurden, müssen nach dem Einkochen sorgfältig mit klarem Wasser abgewaschen und anschließend eingefettet werden, weil das Salz das Metall angreift.

Nach dem Einkochen kommen die Dosen sofort in kaltes Wasser, damit sie rasch abkühlen. Sie sollten auch dabei beschwert werden, damit sie nicht schwimmen. Gläser dürfen wegen des Temperaturschocks nicht ins kalte Wasser, sondern werden entweder sehr kühl gestellt. Man kann sie auch zunächst in etwa 60 °C warmes Wasser stellen und dieses Wasser langsam abkühlen. Hier muß aber vorsichtig gearbeitet werden, damit die Gläser nicht platzen. Allgemein gilt, je schneller die Konserven im Einkochtopf kochen und je schneller sie hinterher abgekühlt werden, desto fester ist nachher die Konsistenz. Auch die Einkochzeiten haben Einfluß auf die Konsistenz der Wurstmasse. Werden sie überschritten, wird die Wurstmasse weich. Um die erforderliche Haltbarkeit zu erreichen, dürfen die Zeiten andererseits auf keinen Fall unterschritten werden.

Lagern der Konserven

Sind die Konserven vollständig durchgekühlt, kommen sie aus dem kalten Wasser und werden mit einem trockenen Tuch abgerieben. Das ist sehr wichtig, denn, wie bereits erwähnt, beginnen nasse Dosen leicht zu rosten. Das gleiche gilt für die Deckel der Schraubgläser.

Die Konserven werden dann in einem kühlen Raum gelagert. Dabei sollten die Temperaturen nicht über 8 °C liegen, sonst kann es leicht vorkommen, daß der Inhalt verdirbt, da es sich bei der oben beschriebenen Herstellung durch Einkochen nur um Halbkonserven handelt. Durch die beim bakteriellen Zersetzungsprozeß entstehenden Gase (Gifte) wölbt sich der Deckel. Solche Wurst darf auf keinen Fall mehr verzehrt werden. Schlimme Vergiftungen wären die Folge. Man sollte sich zur Angewohnheit machen, beim Öffnen einer Konserve daran zu riechen. Auf diese Weise ist sehr schnell zu erkennen, ob der Inhalt noch gut ist. Es ist die beste Kontrolle. Meist sind heute in den Häusern keine ausreichend kühlen Räume vorhanden. Man sollte die Konserven dann in einem Kühlschrank lagern. Gläser sollten außerdem in einem dunklen Raum stehen, damit sich der Inhalt nicht verfärbt.

Unter Fachleuten und in der Fachpresse ist oft zu hören oder lesen, Halbkonserven seien nicht länger als drei bis sechs Monate haltbar, und nur Vollkonserven könnten länger aufbewahrt werden. Es ist nicht möglich, an dieser Stelle eine Garantie für die Haltbarkeit der hier beschriebenen Produkte zu übernehmen. Wird aber bereits beim Fleischkauf, dann beim Herstellen und Verarbeiten der Wurstmasse und beim Sterilisieren sorgfältig gearbeitet und werden die Konserven richtig gelagert, halten sie durchaus auch ein ganzes Jahr. Bei Hausschlachtungen werden sie oft noch länger gelagert.

Verarbeitung der Wurstmasse in Därmen

Verarbeitung in Därmen

Man unterscheidet zwischen Naturdarm und Kunstdarm, in der Fachsprache auch als Wursthülle bezeichnet. Es kommt auf die Wurstsorte an, welche Därme zum Einsatz kommen. Dabei sind bestimmte Normen und Traditionen vorgegeben. Man stelle sich nur einmal eine Bratwurst in einem Saumagen vor. Das geht gar nicht. Im Fachhandel sind sämtliche Wursthüllen erhältlich.

Naturdärme und Kunstdärme

Naturdärme stammen von Tieren, in der Regel vom Rind, Schwein und Schaf. Sie werden nach der Schlachtung sauber gereinigt und gewendet, entweder trocken gesalzen oder in einer Konservierlake angeboten. Naturdärme sind relativ teuer, da das Reinigen und Sortieren der Därme sehr zeitintensiv ist.

Unter Kunstdärmen versteht man alle nicht aus Tierdärmen bestehenden Wursthüllen, das heißt, sie müssen nicht unbedingt aus Kunststoff gefertigt sein, sondern können auch aus Naturfasern bestehen.

Eine kleine Darmkunde macht die Unterscheidung übersichtlicher und die Verwendung der verschiedenen Därme verständlicher.

Därme vom Schwein

Bratdärme: Sie bestehen aus dem Dünndarm des Schweins. Sie werden überwiegend für Bratwürste und Knackwürste verwendet. Auch für Leber- und Blutwürstchen, wie sie für die Schlachtplatte üblich sind, verwendet man ebenfalls Bratdärme. Man kann die Därme sortiert nach Durchmesser, meist in Konservierlake, kaufen. Der Vorzug ist 26/28 mm und 28/30 mm zu geben.

Fettenden: Das sind die Dickdärme vom After her. Sie sind ziemlich glatt und werden vorwiegend für Leberwurst verwendet.

Krausdärme: Das sind, wie es der Ausdruck schon sagt, die unregelmäßigen, krausen Dickdärme. Sie sind weiter als die Fettenden. In die Krausen wird in der Regel nur Blutwurst gefüllt. Sie werden trocken gesalzen oder in Konservierlake angeboten.

Butte, Magen, Blase: Die Butte ist der Blinddarm. In diesen Darm mündet der Dünndarm und ist gleichzeitig der Anfang des Dickdarms. In diesen recht weiten

Naturdärme: Magen, Schweinebutte, Fettende und Bratdärme

Verarbeitung in Därmen

Darm wird Preßwurst oder Zungenwurst gefüllt. Das gleiche gilt für den Schweinsmagen und für die Blase (Harnblase).

Därme vom Rind

Kranzdarm: Das ist der Dünndarm des Rindes. Er kann sehr vielseitig eingesetzt werden, zum Beispiel für Leber-, Blut-, Schinkenwurst, Krakauer, Salami und dergleichen. Kranzdärme werden oft trocken gesalzen angeboten.
Mitteldarm: Dies ist der dünnere Dickdarm des Rindes vom After bis zum Buttdarm. Dieser Darm hat eine recht geringe Bedeutung. Früher wurde er hauptsächlich mit Salami oder Leberwurst gefüllt.
Butte: siehe Schwein.

Därme vom Schaf

Saitlinge: Sie bestehen aus dem Dünndarm des Schafes und werden vorwiegend für Wiener Würstchen (Saitenwürstchen) und Debreciner verwendet.

Sterildärme

Sie können aus unterschiedlichem Material sein. Wichtigstes Merkmal ist: Sie sind luftdicht. Das bedeutet, daß beim Garen und Lagern der Wurst das volle Gewicht und Aroma erhalten bleibt. Sterildärme werden hauptsächlich bei den Brühwurstsorten verwendet. In der Regel sollte ein Durchmesser von 60–70 mm gewählt werden. Werden Würste mit grober Fleischeinlage (zum Beispiel Bierschinken oder Zungenwurst) hergestellt, ist ein Durchmesser von mindestens 70, wenn nicht gar 90 mm erforderlich. Die Därme gibt es in verschiedenen Längen. Ein 60er Darm mit einer Länge von 20 cm faßt einen Inhalt von etwa 250 g, mit einer Länge

Sterildärme, Naturindärme und Fleischkäseform

von 50 cm etwa 1200 g. Je nach Haushalt kann somit variiert werden.

Sterildärme können natürlich nicht angeräuchert werden.

Normalerweise haben Sterildärme eine rötlich-braune Farbe. Es gibt sie auch bunt bedruckt. Wird Kochwurst in Sterildärme gefüllt, verwendet man gewöhnlich transparente, das heißt durchsichtige Hüllen.

Naturindärme

Sie sind aus Naturfasern hergestellte, luftdurchlässige Wursthüllen. Sie können somit für Wurstsorten verwendet werden, die reifen oder angeräuchert werden sollen. Das sind in erster Linie Rohwürste (Salami, Mettwurst), aber auch Halbdauerwaren wie Krakauer und Bierwurst, oder Brühwürste wie Bierschinken und Schinkenwurst, wenn diese angeräuchert werden sollen. Diese Hüllen sind ebenfalls gelblich oder rötlich-braun gefärbt erhältlich. Bei Salami sollten aber unbedingt transparente Därme verwendet werden, damit der Reifeprozeß beobachtet werden kann.

Vorbereiten der Därme vor dem Füllen

Eine sorgfältige Vorbereitung der Därme ist für das Gelingen der Wurst außerordentlich wichtig. Nur gut vorbereitete, vor allem gut und richtig gewässerte und ausgestreifte Wursthüllen ergeben haltbare Würste, die nicht bei der Weiterverarbeitung platzen oder reißen.

Vorbereiten der Kunstdärme (Naturin- und Sterildärme)

Bei der Vorbereitung der Därme ist zu unterscheiden, mit welcher Masse die Wursthüllen gefüllt werden. Därme, die mit Koch- oder Brühwurst gefüllt werden, sollten etwa eine Stunde vor dem Füllen in gut handwarmem Wasser gewässert werden, damit sie schön geschmeidig werden. Wichtig ist, daß das Wasser warm gehalten wird, das heißt, es muß immer wieder heißes Wasser zugegeben werden. Es ist auch wichtig, daß die Därme nicht auf dem Wasser schwimmen. Man kann sie mit einem Gegenstand (beispielsweise einer Bürste) beschweren.

Kunstdärme sind in der Regel beim Kauf auf einer Seite abgebunden. Vor dem Füllen streicht man die Wursthüllen gut aus und schüttelt sie noch kräftig aus. Das Ausschütteln geschieht am besten im Freien. Danach sollte sofort gefüllt werden.

Wird Rohwurstmasse in Naturindärme gefüllt, werden sie nicht in warmem, sondern in kaltem Wasser gewässert. Die weitere Vorgehensweise ist die selbe wie oben beschrieben. Naturindärme müssen eine gute Atmungs- und Schrumpfqualität aufweisen, damit die Wurst gut reifen kann. Schrumpft der Darm nicht mit der Wurst, löst er sich leicht von der Wurst, und es gelangt unerwünschte Luft zwischen Hülle und Wurstmasse, was sich negativ auf die Wurstqualität auswirkt.

Vorbereiten der Naturdärme

Sämtliche Naturdärme werden, wie bei den Kunstdärmen beschrieben, ebenfalls in warmem Wasser gewässert. Die Därme, die in Einzelstücken abgeschnitten werden, zum Beispiel Kranzdärme für Ringe oder Krausen für Blutwurst, werden zunächst mit warmem Wasser durchgespült und ausgestreift. Bei Naturdärmen muß aber mit Fingerspitzengefühl gearbeitet werden. Das gilt auch für die Wassertemperatur. Bei zu heißem Wasser werden die Därme brüchig. Bei zu kaltem Wasser „gehen" die Därme nicht, das heißt, sie reißen ebenfalls. Die Idealtemperatur ist so, daß man sich noch die Hände in dem Wasser waschen kann.

Auch beim Ausstreichen der Därme muß mit Gefühl gearbeitet werden, damit sie nicht reißen oder brüchig werden. Nun kommen die Därme aus dem Wasser, werden in der gewünschten Länge mit dem Messer abgetrennt und werden abgebunden (siehe Abbinden der Därme vor dem Füllen Seite 43). Fettenden werden vor

Verarbeitung in Därmen

dem Füllen in etwa 30 cm lange Stücke, Krausen je nach Durchmesser in 20–25 cm, Kranzdärme in etwa 30 cm lange Stücke geschnitten. Anschließend kommen die abgebundenen Därme wieder ins warme Wasser. Vor dem Füllen werden die Einzeldärme aus dem Wasser genommen und nochmals gut ausgestreift. Dabei ist es besonders wichtig, daß die Därme beim Füllen noch warm sind. Das gleiche Verfahren gilt für Mägen, Blasen und Butten.

Naturdärme, die als Schnuren gefüllt werden, zum Beispiel Bratwurst oder Wiener Würstchen, werden mit etwas warmem Wasser gefüllt und gut ausgestreift. Dann werden sie auf eine Länge von 1–1,5 m abgeschnitten.

Werden Naturdärme mit Rohwurst gefüllt, werden die Därme zunächst ebenfalls in warmem Wasser gewässert und durchgespült. Anschließend werden sie aber noch für kurze Zeit in kaltem Wasser gewässert. Die weitere Behandlung ist die selbe wie oben beschrieben. Mit Ausnahme von Rohpolnischen und Landjägern sollte die Rohwurst aber in Kunstdärme gefüllt werden, da der Darmgeruch, trotz aller Hygienemaßnahmen, leicht auf die Wurst übergeht. Darunter leidet die Qualität. Naturdärme für Rohwurst sollten gut gelagert und fettfrei sein.

Abbinden der Därme vor dem Füllen

Wie bereits erwähnt, sind Kunstdärme beim Kauf schon abgebunden. Sie haben auch schon eine Schlinge, an denen die Würste zum Räuchern oder Lagern aufgehängt werden können.

Anders ist es bei Naturdärmen. Aber auch hier werden Saitlinge und Bratdärme nicht abgebunden, es sei denn in Bratdärmen soll Rohwurst nicht in Paaren, sondern als Einzelwürste gefüllt werden (Länge etwa 50 cm). Auch Butten und Blasen werden nicht abgebunden, da sie bereits auf einer Seite geschlossen sind.

Die übrigen Därme werden auf einer Seite mit Wurstgarn abgebunden. Das geschieht mit einem doppelten Knoten. Es muß darauf geachtet werden, daß das ganze Ende des Darmes im Knoten liegt, damit der Darm auch wirklich geschlossen ist.

Bei Fettenden und Krausen läßt man beide Bindfadenenden etwa 10 cm lang, damit bequem eine Schlinge zum späteren Aufhängen der Würste gebunden werden kann. Die Schlinge muß oben mit einem entsprechenden Knoten versehen werden, damit sie nicht aufgeht (siehe Skizze). Bei den Kranzdärmen genügt ein langer Bind-

Binden einer Schlinge zum Aufhängen der Wurst

Verarbeitung in Därmen

Richtig abgebundener Magen

faden. Kranzdärme werden nach dem Füllen als Ringe abgebunden (zum Beispiel Schwarzwurst oder Schinkenwurst).

Die Mägen bilden einen Sonderfall. Der Magen hat einen Eingang, auch als Schlund bezeichnet und einen Ausgang. Diese beiden Öffnungen wären zum Reinigen, Wenden und Füllen mit Wurstmasse zu eng. Deshalb wird beim Reinigen noch eine dritte Öffnung in den Magen geschnitten. Dieses Loch wird zum Füllen benutzt, sodaß vor dem Füllen, die anderen beiden Öffnungen (Ein- und Ausgang) abgebunden werden müssen. Es ist ideal, die beiden Öffnungen mit einer Schnur abzubinden und nicht durchzutrennen, denn daran kann der Magen später zum Räuchern aufgehängt werden.

Füllen der Därme

Kochwurstmasse

Beim Einfüllen von Kochwurstmasse verwendet man den Handtrichter. Dabei wird bei Bratdärmen ein Ende des Darmes, bei abgebundenen Därmen das offene Ende des Darmes über den Schaft des Trichters gezogen und mit der einen Hand mit dem Trichter festgehalten. Mit der anderen Hand wird die Masse mit einem Schöpfer in den Trichter geschüttet. Die eingefüllte Wurstmasse sollte im Darm einige Male leicht nach oben gestreift werden, damit die unerwünschte Luft aus dem Darm entweicht. Während des Füllvorgangs rührt man die Wurstmasse zwischendurch um, damit sie sich nicht absetzt. Wichtig ist außerdem, daß die Wurstmasse warm eingefüllt wird, sonst ist sie zäh und läuft nicht in den Darm. Sollte das dennoch einmal vorkommen, muß die Wurstmasse mit der Hand in den Trichter gedrückt werden.

Brat-, Roh- und Brühwurstmasse

Wurstmasse mit fester Beschaffenheit (Brat-, Roh- und Brühwurst) muß mit dem Fleischwolf und Füllvorrichtung oder mit dem Handfüller gefüllt werden. Es ist zweckmäßig, daß dabei eine zweite Person hilft, indem sie das Brät in den Wolf gibt und dreht. So kann man sich auf das Füllen konzentrieren. Die Darmschnuren werden, nachdem sie aus dem warmen Wasser genommen und ausgestreift wurden, auf das Füllrohr gezogen und zwar in diesem Fall nicht nur das Ende, sondern der ganze Darm. Hier sollte flott gearbeitet werden, damit der Darm nicht zu kalt wird; am Anfang sollten die Stücke nicht zu lang sein, sondern nach etwa 1 m abgeschnitten werden. Der Darm darf nicht zu stramm gefüllt werden, da er nach dem Füllen noch abgedreht oder abgebunden werden muß. Dies muß um so mehr berücksichtigt werden je weiter der Darm ist und je kürzer die Würste abgedreht werden. Außerdem sollte darauf geachtet werden, daß die Masse luftfrei in den Darm kommt. Sollte dennoch unerwünschte Luft mit in den Darm gelangen, stupft man ihn mit einer Nadel, so kann die Luft nach außen entweichen.

Füllen von Naturdärmen mit dem Handtrichter (unten rechts) und mit dem Handwolf (oben). Mit dem Handfüller lassen sich Sterildärme stramm füllen (unten links).

Verarbeitung in Därmen

Füllen von Steril- und Naturindärmen

Das Füllen von Naturdärmen erfordert Fingerspitzengefühl. Werden sie zu prall gefüllt, platzen sie schon beim Füllen oder nachher beim Kochen. Bei den Sterildärmen sieht das anders aus, sie müssen stramm gefüllt sein, sonst wirft der Darm nach dem Kochen Falten. Die Därme werden bis auf Anschlag des abgebundenen Endes auf das Füllhorn gezogen. Beim Füllen wird der Darm mit Daumen und Zeigefinger auf den Trichter gedrückt. Während die andere Person die Wurstmasse in den Fleischwolf gibt und kurbelt, läßt man den Darm nur langsam nach, damit auch wirklich stramm gefüllt wird. Die Luft kann in diesem Fall während des Füllens durch den Darm nach hinten entweichen. Naturindärme dürfen nicht ganz so stramm wie Sterildärme gefüllt werden, da sie leichter platzen. Bei Steril- und Naturindärmen sollte ebenfalls auf luftfreies Füllen geachtet werden.

Abbinden der Därme nach dem Füllen

Beim Abbinden der Därme nach dem Füllen muß ebenfalls darauf geachtet werden, daß immer der ganze Darm im Knoten liegt. Naturdärme werden mit einem gut angezogenen doppelten Knoten abgebunden. Der Knoten darf nur so stark angezogen werden, daß der Darm nicht mit dem Wurstgarn durchgeschnitten wird. Es ist auch hier von Vorteil, wenn eine zweite Person hilft; eine Person hält den Darm, die andere Person bindet ab. Wird Leber- und Blutwurst in Schweinedünndärme gefüllt, werden von der ganzen Darmschnur Stücke von etwa 80–100 cm abgeschnitten, die nach dem Füllen zu einem großen Ring abgebunden werden. Dieser große Ring wird in einzelne Würstchen von etwa 80–100 g abgebunden, das sind die sogenannten Wurstkränze.

Die mit der Füllmaschine gefüllten Darmschnuren (Bratwurst, Wiener Würstchen) werden in der Fleischerei nicht abgebunden, sondern abgedreht. Dies geschieht, indem man zum Beispiel im Abstand von 15 cm mit dem linken Daumen und Zeigefinger den gefüllten Darm abdrückt. Nach weiteren 15 cm drückt man den gefüllten Darm mit dem rechten Daumen und Zeigefinger ab und dreht nun diese 15 cm mit zwei bis drei Rechtsumdrehungen ab. Nach weiteren 15 cm drückt man wieder mit der linken Hand den Darm ab, nach weiteren 15 cm mit der rechten und so fort. Wer weniger Übung besitzt, kann die Würstchen auch mit Bindegarn abbinden. So ist man sicher, daß sie beim späteren Aufhängen nicht aufgehen.

Sterildärme müssen nach dem bereits beschriebenen strammen Füllen sehr fest abgebunden werden, sonst kann es leicht vorkommen, daß der Knoten während des Heißräucherns oder Kochens verrutscht und der Darm aufgeht. Deshalb wird hier über Kreuz abgebunden. Am besten bindet man sich ein Stück Wurstgarn an der Stirnseite des Tisches an. Der Darm wird, nachdem er gefüllt ist, vorsichtig vom Füllhorn mit der linken Hand heruntergenommen und dabei fest zugehalten. Wer weniger Übung besitzt, sollte am Anfang den Zipfel ruhig etwas länger lassen, damit der Darm nicht durch den Daumen und Zeigefinger rutscht. Nun wird das Ende des Darmes auf den Bindfaden gelegt und dabei immer noch zugehalten. Mit der rechten Hand

Abbinden eines Wurstkranzes und Abdrehen von Bratwürsten (kleines Bild)

Verarbeitung in Därmen

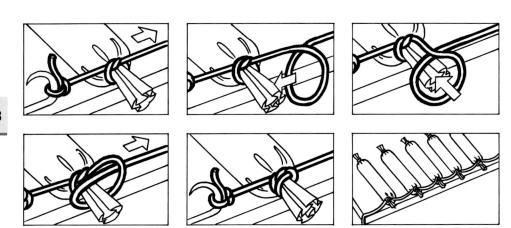

Abbinden eines Sterildarms nach dem Füllen

wird eine Schlinge von der geschlossenen Seite des Darmes über den Darm auf das noch offene Darmende gezogen. Da der Faden auf der einen Seite am Tisch befestigt ist, kann man hier kräftig anziehen. Ist erst einmal ein Knoten auf den Darm gelegt, kann der Darm losgelassen werden. Nun wird der Bindfaden verdreht und schließlich noch eine Schlinge über den Knoten gezogen. Ist der Zipfel an der fertigen Wurst etwas zu groß, erst nach dem Erkalten der Wurst abschneiden, damit er nicht doch noch durch den Faden rutscht. Naturindärme dürfen nicht ganz so stramm abgebunden werden, da sie mit dem Bindfaden durchschnitten werden können.

Garen der Wurst

Sind die Würste gefüllt oder kommen sie bereits aus dem Heißrauch (siehe Seite 59), werden sie gegart. Normalerweise geschieht das in einem Kessel. Im Haushalt übernimmt diese Aufgabe der Kochtopf, noch besser wäre, wie bereits erwähnt, ein Elektrokochtopf mit Thermostat, um konstante Temperaturen zu gewährleisten. Das ist zum einen wichtig, damit die Würste nicht platzen, zum anderen, damit die Wurst auch im Inneren gar ist, denn sonst verdirbt sie später. Deutlich ausgedrückt, die Wurst sollte nur mit Thermometer gegart werden. Liegt die Temperatur trotzdem einmal zu niedrig, muß ein Zuschlag bei der Garzeit gemacht werden. Sollte die Temperatur versehentlich zu hoch werden, muß man sofort reagieren. Man kann zum Beispiel den Topf vom Herd nehmen oder beim Einkochtopf den Thermostat zurückschalten. Im Extremfall muß man sofort kaltes Wasser in den Topf schütten, um die Temperatur schnell zu senken.

Vor- und Nachteile des Fleischthermometers

In den folgenden Wurstrezepten sind Garzeiten angegeben, sie sind jedoch nur als Richtwerte zu betrachten. In modernen Fleischereien wird heute Wurst nach der Kerntemperatur gegart. Dabei wird die

Verarbeitung in Därmen

Gefüllte Kochwürste vor dem Brühen

Gartemperatur der Wurst mit dem Fleischthermometer kontrolliert. Man sticht mit dem Thermometer an der dicksten Stelle in den Kern der Wurst und liest so die Temperatur ab. Die Richtwerte für die Kerntemperatur liegen bei Kochwurst um 75 °C, bei Brühwurst um 70 °C. Das ist ein sehr sicheres System; der Anfänger sollte es unbedingt anwenden. Bei der Kochwurst hat es nur einen Nachteil. Das Fleischthermometer hat eine relativ dicke Nadel. Beim Kontrollieren ist die Wurstmasse noch nicht erkaltet und somit noch flüssig. Durch das Einstichloch entweicht viel Brühe, die vor allem auch Aromastoffe enthält. Sie fehlen anschließend der fertigen Wurst. Außerdem bekommt die Wurst dadurch leicht eine trockene, bröckelige Konsistenz. In der Umgangssprache heißt es, die Wurst sei wie Sägemehl. Das gleiche passiert, wenn eine Wurst platzt. Das ist auch ein Grund, warum beim Füllen sehr darauf geachtet werden sollte, daß keine Luft in den Darm gelangt. Beim Garen bemerkt man, daß die Wurst aufschwimmt. Die Luft kann man herauslassen, indem man die Därme an der betroffenen Stelle mit einer Nadel stupft. Aber dann passiert dasselbe wie oben beschrieben: mit der Luft tritt auch Brühe aus.

Praktische Hinweise für das Garen

Die Brühwürste werden in klarem Wasser bei der vorgeschriebenen Temperatur gegart. Die Wassertemperatur liegt bei

Verarbeitung in Därmen

Würste beim Brühen im Einkochtopf

Brühwürsten und Delikateßleberwurst um 75–78 °C, bei Kochwürsten um 80–82°C. Kochwürste sollten in der Fleischbrühe gegart werden, in der das Fleisch für die Kochwurst gekocht wurde. Sie ergibt dann die sogenannte „Metzelsuppe", die zum Beispiel später als Nudelsuppe sehr beliebt ist. Dabei brauchen die Würste, bevor man sie in diese Brühe legt, nicht abgewaschen zu werden. Oftmals wird sogar die Wurstschüssel mit dieser Brühe ausgespült. Das gibt eine besonders kräftige Suppe. Wichtig ist aber, bevor die Kochwurst in den Topf kommt, das Fett von der Brühe abzuschöpfen. Man stellt es zur Seite und kann es nach dem Garen der Würste wieder in die Suppe geben. Das Abschöpfen ist wichtig, weil das schwimmende Fett heißer wird als Wasser und dadurch platzen die Würste oftmals.

Es ist empfehlenswert, einen Lattenrost anzufertigen, der die Größe des Koch- oder Einkochtopfes hat. Er wird während des Garens auf die Würste gelegt, damit sie beim Garen völlig unter Wasser sind. Das ist besonders wichtig bei der Brühwurst. Dieser sogenannte Schwimmer sollte dann auch beim Abkühlen der Brühwurst auf die Würste im kalten Wasser gelegt werden. Außerdem sollte die Wurst während des Garens vorsichtig mit einem hölzernen Kochlöffel gewendet werden, damit sie nicht einseitig durchkocht. Wird mehr Wurst auf einmal gekocht, sollte die Wassertemperatur beim Einlegen in den Topf etwas höher als soeben beschrieben sein, da durch die relativ kalten Würste die Temperatur zurückgeht. Geht die Temperatur trotzdem unter die vorgeschriebene Gartemperatur, muß unbedingt ein Zeitzuschlag beim Garen gemacht werden.

Garzeiten

Da die Würste nicht unbedingt mit dem Fleischthermometer gestupft werden sollten, und die Garzeiten je nach Wurstdicke schwanken, sind die Garzeiten für die Würste als Richtzeiten zu betrachten, die nicht garantiert werden können. Bei den Kunstdärmen ist die Kontrolle noch relativ einfach, da sie immer den gleichen Durchmesser haben, aber bei den Krausen oder Fettenden kann er aber stark schwanken. Die Wurst sollte zwar nicht verkocht werden, aber es ist immer noch besser, sie etwas länger zu garen, als zu riskieren, daß sie „nicht durch" ist.

Bei Brühwürsten rechnet man pro Zentimeter ungefähr 10 Minuten, das heißt bei einem 60er Darm wäre das etwa eine Stunde. Bei einem 90er Darm sollte aber schon ein Zeitzuschlag gemacht werden. Hier wären etwa zwei Stunden angemessen. Mägen und Butten brauchen etwa drei bis vier Stunden, wobei auch hier Blutwürste (auch rote Mägen) länger brauchen als Weiße. Richtwerte für die verschiedenen Würste und Därme sind der Aufstellung „Garzeiten für Würste" zu entnehmen.

Behandlung der Würste nach dem Garen

Nach dem Kochen nimmt man die Würste am besten mit einem Seiher aus dem Kochtopf. Hier ist vor allem Vorsicht bei den Naturdärmen angebracht, damit sie nicht platzen. Die Naturdärme dürfen auf

Garzeiten für Würste	
<u>Brühwürste</u>	
je cm Durchmesser	10 Minuten
• 60er	60 Minuten
• 90er	120 Minuten
<u>Saitlinge</u>	10 Minuten
<u>Bratdärme</u>	30 Minuten
<u>Kranzdärme</u>	60 Minuten
<u>Kochwurst</u>	
• in Bratdärmen	30 Minuten
• in Kranzdärmen	60 Minuten
<u>Leberwurst</u>	
je cm Durchmesser	12–13 Minuten
• im Fettende	80–90 Minuten
<u>Blutwürste</u>	
je cm Durchmesser	15 Minuten
• im Krausdarm	120 Minuten
Mägen und Butten	3–4 Stunden

keinen Fall geknickt werden. Kochwürste in Naturdärmen sind sehr schlüpfrig. Sie rutschen leicht aus der Hand. Sie werden deshalb zunächst in warmes Wasser getaucht, um das anhaftende Fett abzuspülen. Anschließend werden die Würste bis zum völligen Erkalten auf einen Tisch gelegt. Während des Kühlvorgangs werden sie mehrmals gewendet, damit sich die Wurstmasse nicht absetzt. Im Sommer oder in einem warmen Raum ist Vorsicht angebracht, da die Wurst hier möglicherweise zu langsam abkühlt und leicht sauer werden kann. Man sollte die Wurst in diesem Fall in den Kühlschrank stellen.

Brüh- und Kochwürste in Kunstdärmen werden zunächst in lauwarmem, dann in kaltem Wasser abgekühlt. Das Wasser ist solange auszutauschen, bis es sich nicht mehr erwärmt. Dabei ist der Schwimmer auf die Würste zu legen.

Bei Delikateßleberwurst kann es vorkommen, daß sich das Fett absetzt. In die-

Verarbeitung in Därmen

sem Fall ist es angebracht, während des Kühlvorgangs die Kunstdärme mit Daumen und Zeigefinger zu massieren, damit die Masse gut emulgiert.

Bei den mit Brühwurst gefüllten Därmen wird nach völligem Erkalten das Fett nochmals mit heißem Wasser abgespült. Anschließend werden die Würste mit einem feuchten Lappen abgerieben. Das gilt für sämtliche Därme

Sind die Würste ausgekühlt, werden sie in einem kühlen Raum aufgehängt. Brühwürste im Sterildarm hängt man normalerweise auf Fleischhaken. Das gleiche gilt für Knackwürste. Sie werden als Schnur auf Haken gehängt. Wiener Würstchen werden paarweise auf Stöcke gehängt. Mit diesen Würstchen muß besonders vorsichtig umgegangen werden, damit sie nicht abreißen. Die Würste, die zum Nachräuchern vorgesehen sind, hängt man gleich auf Räucherstöcke und zwar so, daß sie sich nicht berühren. Hier ist besondere Vorsicht bei Würsten im Naturdarm angebracht. Sind sie nicht völlig ausgekühlt, reißen die Enden leicht ab. Das gilt vor allem für größere Würste.

Würste beim Abkühlen im Spülbecken

Räuchern

Räuchern

Neben dem Füllen und Garen ist das Räuchern nicht nur ein sehr umfangreiches Kapitel in der Wurstherstellung, sondern ein Vorgang, ohne den die Wurstherstellung unvorstellbar wäre. Welche Aufgabe erfüllt überhaupt das Räuchern? Für manche Wurstsorten ist eine Räucherung einfach typisch. Das ist im Brühwurstbereich zum Beispiel bei der Knackwurst oder den Wiener Würstchen der Fall. Auch Bierwurst zählt dazu. Die geschmackliche Komponente ist aber nicht der einzige Zweck. Das wohl wichtigste Ziel beim Räuchern ist die Haltbarmachung oder die Verlängerung der Haltbarkeit.

Räuchern ist ein chemischer Prozeß, bei dem durch Verbrennung (teilweise auch nur unvollständige Verbrennung) Rauch entsteht. Dieser Rauch wirkt auf die darin hängenden Fleischteile oder Würste ein. Die durch Verbrennung oder Verglimmung freiwerdenden Stoffe wirken bakterienhemmend oder -tötend und machen das Räuchergut haltbarer. Der andere Grund für das Räuchern von Fleisch und Wurst ist die oben bereits angesprochene Geschmacksveränderung. Sie ist bei vielen Produkten nicht wegzudenken. Zu intensiver Rauchgeschmack kann sich aber auf das Endprodukt negativ auswirken.

Ein weiterer Punkt, der für das Räuchern spricht, ist die Veränderung des Aussehens. Es gibt doch nichts appetitlicheres als einen goldgelb geräucherten Schinken.

Geräte zum Räuchern

Früher gab es kaum ein Bauernhaus, in dem nicht auf dem Dachboden eine Räucherkammer am Kamin aufgemauert war. Durch Einschieben eines Schiebers in den Kamin wurde der Rauch durch die Kammer geleitet und der Räucherprozeß war eingeleitet. Solche Räucherkammern sind aber heute eher die Ausnahme. Stattdessen bietet der Fachhandel ausgezeichnete Räucheröfen in vielen Größen und Ausführungen.

Der Räucherschrank zum Kalträuchern

Der Schrank hat einen stabilen Metallrahmen. Die Wände sind aus verzinktem Blech. Im unteren Teil des Schrankes befindet sich der Räucherkasten, an dem auch die Luftzufuhr gesteuert werden kann. Darüber ist das Rauchverteilblech. Dadurch ist gewährleistet, daß sich der Rauch im Schrank gleichmäßig verteilt. Außerdem wird die Rauchtemperatur dadurch gekühlt. Im oberen Bereich des Schrankes sind in verschiedenen Etagen Schienen installiert, auf denen die Räucherstöcke mit dem Fleisch oder den Würsten aufgelegt werden. In der Decke ist der Rohrausschnitt für den Kaminanschluß. Durch diese Öffnung gelangt der Rauch ins Freie.

Damit stellt sich bereits die Frage, wo dieser Räucherschrank aufzustellen ist. Ideal wäre es, ihn in einem kühlen Kellerraum aufzustellen. Voraussetzung ist natürlich, daß dieser Raum einen Kaminanschluß hat. Sollte kein solcher Raum vorhanden sein, kann man den Räucherschrank auch im Garten aufstellen.

Damit entsteht ein Problem: Der Temperaturunterschied, vor allem im Freien, kann zum Verderb des Räuchergutes führen, und zwar aus folgendem Grund: Im Räucherschrank entsteht beim Kalträuchern eine Temperatur von 20 °C. Vor allem im Winter, wenn die Temperaturen schwanken, herrschen sehr schnell Außen-

Räuchern

temperaturen um den Gefrierpunkt. Was passiert? Im Räucherschrank bildet sich durch den enormen Temperaturunterschied Kondenswasser. Durch den Einfluß des Rauches bildet sich ein teerähnliches Gemisch. Dieses verdirbt nicht nur die Räucherware, sondern ist zudem giftig und gesundheitsschädlich. Solche Temperaturschwankungen können auch in einem kühlen Raum auftreten. Andererseits sollte der Räucherschrank aber in einem kühlen Raum stehen, damit sich zwischen den einzelnen Räucherprozessen das Räuchergut wieder abkühlen kann. Der Räucherschrank sollte deshalb gut isoliert sein, um Temperaturschwankungen auszugleichen. Das gilt auch für das Rohr zum Kamin. Steht der Schrank im Freien, muß auf den Rohrstutzen ein Rohr von etwa 1 m gesteckt werden, damit der Rauch zieht. Außerdem muß dafür gesorgt werden, daß der Regen nicht durch das Rohr in den Schrank laufen kann. Deshalb steckt man am besten einen Bogen auf das Rohr.

Ein Ofen zum Heißräuchern

Der beschriebene Räucherschrank eignet sich nicht zum Heißräuchern. Es ist aus Sicherheitsgründen auch nicht zulässig. Es gibt hierzu spezielle Heißräucheröfen. Sie sind teurer als der oben beschriebene Räucherschrank. Dabei wird in der Regel mit Sägemehl geräuchert. Dieses wird mit Gas angefeuert. Mit dem Ofen kann ebenso kalträuchert werden. Es handelt sich somit um ein Universalgerät. Da der Heißräucherofen in der Regel gut isoliert ist, ist beim Kalträuchern auch das beschriebene Problem der Kondenswasserbildung gelöst.

Räucherschrank zum Kalt- und Heißräuchern der Firma Häussler

Eine primitive Vorrichtung zum Heißräuchern kann man auch selbst basteln. Sie muß im Freien aufgebaut werden. Voraussetzung ist allerdings, daß der Nachbar dafür Verständnis hat; das stellt sich vielleicht dann ein, wenn er erst einmal eine selbstgemachte Wurst serviert bekommt. Es muß natürlich auf Sicherheitsvorkehrungen geachtet werden, daß nicht ein Holzgebäude in der Nähe steht. Man sollte natürlich auch ein bißchen auf die Windrichtung achten, daß nicht der Rauch

Räuchern

Mit Ziegelsteinen errichtete Heißräuchervorrichtung

direkt in Nachbars Wohnzimmer zieht und man sollte nicht unbedingt räuchern, wenn Sturmböen angesagt sind.

Die Räuchervorrichtung sollte entweder auf einem Betonboden (mit einem Blech darüber) oder auf Gartenboden aufgebaut werden.

Als Räucherofen verwendet man eine sauber gereinigte Blechtonne, zum Beispiel ein 200-Liter-Faß. Es sollte aber darauf geachtet werden, daß sie innen nicht mit einer Lackierung beschichtet ist, die durch die Hitzeentwicklung giftige Gase von sich gibt. An der Tonne schneidet man den einen Deckel vollständig heraus. Diese Öffnung kommt nach oben. Die geschlossene Seite wird auf den Boden gestellt. Auf den Faßboden legt man an die Außenwände etwa vier Backsteine, die eine Höhe von 10 cm haben. Auf diese Steine legt man einen Gußrost. Nun schneidet man in der Höhe des Gußrostes eine Öffnung von etwa 30 × 30 cm in die Wand der Blechtonne. Das ist das Feuerloch. Nun kann auf dem Gußrost Feuer gemacht werden. An dem Loch wird außerdem der Luftzug gesteuert. Man kann ein Blechstück an den Ausschnitt außen stellen. Dieses biegt man auf den gleichen Radius wie das Faß. Durch Verschieben dieses Blechs wird der Ausschnitt größer oder kleiner und somit kann der Luftzug erhöht oder verringert werden. Nun braucht man nur noch die Räucherstäbe mit den Würsten auf die Tonne zu hängen und schon kann geräuchert werden.

Eine weitere Möglichkeit besteht darin, daß man für den Räucherofen Backsteine (zum Beispiel Hohlziegel 50 × 24 × 11 cm) auf einer Grundfläche von etwa 1 × 1 m und 1,50 m hoch aufeinandersetzt. Auch hier kommt auf den Boden wieder ein Rost und vorn wird eine Öffnung zur Feuerung ausgespart. Der Ofen kann fest mit Mörtel aufgemauert werden. Die Steine können aber auch nur aufgesetzt und nachher wieder weggeräumt werden.

Man ist natürlich beim Räuchern mit einem selbstgebauten Räucherofen witterungsabhängig, da er im Freien stehen muß. Aber, Zustimmung der Nachbarschaft und Beachtung der örtlichen Bestimmungen vorausgesetzt, ist man auf niemanden angewiesen und kann die Wurst ganz selbst machen.

Räuchermaterial

Zum Räuchern sollten aus gesundheitlichen Gründen nur natürliche Stoffe verwendet werden. Man räuchert mit Hartholz oder mit Sägemehl aus Hartholz. Das ist in der Regel Buche und Eiche, kann aber auch Esche, Ahorn, Birke, Ulme sein. Sowohl bei Holz wie bei Sägemehl ist der Buche der Vorzug zu geben ist. Dieser Rauch erzeugt eine schöne Farbe am Fleisch und an der Wurst.

Anfänger werden meinen, es sei kein Problem, solches Räuchermaterial aufzutreiben. Beim Holz trifft das noch zu. Aber bei Sägemehl wird es schwierig. Schreinereien verarbeiten heute meist auch Kunststoffteile, damit ist die Reinheit des Sägemehls nicht mehr garantiert. Manche Treppenbauer sind noch kleinere Handwerker und verarbeiten reines Holz. Wichtig ist, daß keine Verunreinigungen von Lack oder Farbe enthalten sind und daß es sich um Hartholz handelt. Eine weitere Möglichkeit ist, in einem Sägewerk zu fragen. Hier ist die Ware aber oft noch feucht und man muß das Sägemehl gut trocknen lassen, sonst schimmelt es und ist zum Räuchern nicht mehr geeignet. Außerdem brennt es schlecht, was im übrigen auch für feuchtes Holz gilt.

Qualitativ einwandfreies Räuchermehl kann man beim Handel für Fleschereibedarf beziehen (siehe Bezugsquellen Seite 151). Diese Räuchermehle sind häufig aromatisiert, beispielsweise mit Wacholder. Sie sind nicht ganz billig, aber was zu Beginn über die Qualität von Fleisch gesagt wurde, trifft natürlich auch auf die Zutaten bis hin zum Räuchermehl zu: Es kann nur soviel gutes herauskommen, wie man bereit ist, hineinzutun.

Räucherarten

Entsprechend den Temperaturen, mit denen geräuchert wird, unterscheidet man Kalt-, Heiß- und Warmräuchern, wobei Warmräuchern nur eine geringe Bedeutung hat.

Kalträuchern

Beim Kalträuchern räuchert man mit Hartholzsägemehl. Das schüttet man in den Räucherkasten am Boden des Räucherschranks und drückt es gut fest, damit es nachher nicht zu schnell brennt. Das Sägemehl darf nicht zu hoch aufgeschüttet werden (etwa 10 cm), damit der Rauch nicht zu warm wird. Das Sägemehl wird mit angeglühter Kohle angezündet. Das Stück sollte nicht zu groß sein, da die Temperaturen im Schrank sonst zu hoch werden. Die Kohle wird so ins Sägemehl eingebettet, daß sie schnell Rauch entwickelt. Zu Beginn muß mehrmals überprüft werden, ob das Räuchermehl auch wirklich brennt. Bei der Räuchertemperatur gilt, je kälter, desto besser, und das ist gar nicht so einfach. Die Rauchtemperatur darf bei Rohwurst höchstens 20 °C erreichen, bei Fleisch oder sonstigen Würsten 25 °C. Es ist deshalb dringend erforderlich, die Rauchtemperatur zu messen. Das kann mit dem Fleischthermometer erfolgen, indem man, wenn keine Vorrichtung vorhanden ist, ein kleines Loch in die Tür des Räucherschranks bohrt und das Fleischthermometer mit der Sonde hineinsteckt. Auf das Räuchern von Rohwurst wird an anderer Stelle noch ein-

Räuchern

mal eingegangen. Wird der Rauch zu warm, kann Abhilfe geschaffen werden, indem der Luftzug reduziert wird (Schließen der Luftklappen am Räucherkasten). Zieht der Kamin zu stark, kann man vom Innern des Räucherschranks ein feuchtes Tuch in den Rohrstutzen stopfen. Die Öffnung darf nicht völlig abgedichtet werden, damit immer noch ein leichter Zug vorhanden ist und der Rauch nicht ausgeht. Eine andere Möglichkeit ist, das Sägemehl leicht anzufeuchten.

Wie intensiv wird geräuchert? Bei Fleisch muß solange geräuchert werden, bis das Fleisch eine intensive, aber nicht zu dunkle Farbe erreicht hat. Bei Würsten hat der Rauch mehr geschmacksverbessernde Funktion, deshalb sollte nur bis zu einem halben Tag geräuchert werden, sonst schmeckt die Wurst nur noch nach Rauch. Ausnahmen sind die Dauerwürste, hier hat der Rauch neben der geschmacklichen Funktion zusätzlich eine konservierende. Wird mehrmals geräuchert, sollte man die Ware, wenn der Rauch abgebrannt ist, völlig erkalten lassen, damit die Würste oder der Schinken nicht ersticken. Bei zu hohen Rauchtemperaturen schmilzt das Fett oder es bildet sich ein Trockenrand (Räucherrand). Das wirkt sich negativ auf die Lagerfähigkeit der Produkte aus. Während des Räuchervorgangs müssen die Räucherstöcke mehrmals umgehängt werden, damit sich die Würste oder der Schinken gleichmäßig färben und am Ende des Räuchervorgangs gleichmäßig durchgeräuchert sind.

Heißräuchern

Heißgeräuchert wird fast ausschließlich die Brühwurst. In seltenen Fällen wird auch Kochschinken vor dem Kochen geräuchert. Die Heißräucherung der Würste erfolgt nach dem Füllen, aber vor dem Garprozeß. Beim selbstgebauten Räucherofen wird mit Hartholz gefeuert. Beim beschriebenen professionellen Heißräucherofen braucht man Hartholzsägemehl, das mit Gas gefeuert wird. Der ideale Temperaturbereich liegt bei 65–70°C. Auch hier muß die Temperatur unbedingt gemessen werden, da die Würste bei zu hohen Temperaturen platzen können. Die Räucherdauer liegt bei ein bis zwei Stunden. Hier kann man an der Farbe erkennen, wann die Würste fertiggeräuchert sind. Sie sollten eine rötlich-bräunliche Farbe haben. Aber auch hier darf nicht zu stark geräuchert werden, da man beim Verzehr sonst nur noch Rauch schmeckt. Da beim Heißräuchern die Temperaturen relativ hoch sind, hat der Rauch neben einer geschmacks- und aussehensfördernden noch zusätzlich eine garende Funktion. Bei zu niedrigen Temperaturen entsteht nicht die gewünschte Farbe, sondern die Würste werden grau.

Lagerung der Würste

Sind die bisher beschriebenen Vorgänge des Wurstens abgeschlossen, sind die Würste im Prinzip fertig zum Verzehr. Es ist immer ein spannendes Ereignis, eine Wurst anzuschneiden und zu kosten, besonders für Anfänger, die es zum ersten Mal versucht haben. Nun wird man aber die gefertigten Würste nicht alle frisch essen können. Ein Teil, das ist meist der größte, muß gelagert werden. Hierbei gibt es verschiedene Möglichkeiten, um die Ware nicht nur vor dem Verderb zu schützen, sondern sie so zu lagern, daß man beim späteren Verzehr nicht oder kaum bemerkt, daß die Würste nicht unmittelbar vorher frisch hergestellt wurden.

Lagerung im Räucherschrank oder in einem dunklen Raum

Diese Art der Lagerung hat im Prinzip nur Bedeutung bei Dauer- oder Halbdauerwaren. Dazu gehören zum Beispiel Schinken, Rohwürste, aber auch Krakauer und andere. Auch kaltgeräucherte Blutwürste in engeren Naturdärmen können mit dieser Methode gelagert werden. Sie werden hart wie Salami. Wichtig ist dabei, daß die Temperatur 12–14 °C nicht übersteigt, da sonst nach und nach das Fett schmilzt. Dadurch schmiert die äußere Schicht am Fleisch oder der Wurst zu und die Ware verdirbt. Der Raum darf auch nicht zu trocken sein, da sonst die Randzonen der Wurst zu stark austrocknen. Die Folge ist die selbe wie bei zu hoher Temperatur. Die Luftfeuchtigkeit sollte bei etwa 60 % liegen. Im Kapitel „Schnittfeste Rohwurst" wird die Lagerung nochmals genau beschrieben.

In Häusern mit Zentralheizung sind geeignete Räume nur selten anzutreffen. Der Räucherschrank eignet sich für die Lagerung natürlich nur, wenn die Raumtemperatur nicht höher als beschrieben ist. Die relativ hohe Luftfeuchtigkeit hat zudem den Vorteil, daß die Ware nicht so schnell und so stark austrocknet. Es ist außerdem wichtig, daß es im Schrank dunkel ist, da das Fett durch Licht (Ultraviolett) ranzig wird. Es ist auf leichte Lüftung zu achten, die aber auf keinen Fall zu stark sein darf, da auch dadurch die Randzonen der Wurst austrocknen können.

Lagerung durch Kühlen

Kühlen von Wurst ist eine relativ kurzfristige Konservierungsmethode. Beim Hobbywurster wird in der Regel ein Kühlschrank eingesetzt. Die ideale Kühltemperatur liegt bei +1 °C, aber auch bis zu +5 °C sind akzeptabel. Hat man einen Raum (Keller) im Haus, in dem solche Temperaturen erreicht werden, ist es natürlich ideal. Das kann fast nur im Winter der Fall sein. In einem solchen Raum können die Würste aufgehängt werden, was vor allem bei der Bratwurst wichtig ist. Bratwürste sollten als Schnuren auf Stöcke gehängt werden, so daß sie sich gegenseitig nicht berühren. Bratwurst, die nicht angeräuchert ist und in der auch Eier verarbeitet sind, darf nur ein bis zwei Tage

gekühlt gelagert werden. Bei geräucherten Bratwürsten ohne Eier und bei den beschriebenen Temperaturen kann die Kühldauer auf eine Woche ausgedehnt werden.

Besonders geeignet ist die Kühllagerung für Brüh- und Kochwürste im Sterildarm. Hier kann die Lagerdauer zwei bis drei Wochen betragen, sofern die Würste nicht angeschnitten sind. Im kühlen Raum werden die Würste aufgehängt, im Kühlschrank werden sie auf die Gitter gelegt. Gestapelt werden dürfen die Würste nur, wenn sie wirklich gut durchgekühlt sind. Auch Koch- und Brühwurst im Naturdarm kann kühl gelagert werden. Dabei gilt für ungeräucherte Wurst eine maximale Lagerdauer von zwei bis drei Tagen. Bei geräucherten Brühwürsten wie Wiener Würstchen oder Knackwurst gilt das gleiche, denn diese dünnen Würstchen trocknen sehr schnell aus. Bei Kochwurst und Krakauer im Naturdarm, die kalt nachgeräuchert sind, beträgt die Lagerdauer durchaus zwei bis drei Wochen. Aber auch hier trocknet die Ware ein.

Lagerung durch Tiefkühlen

Sollen Brüh-, Brat- und Kochwürste im Darm länger gelagert werden, so ist das Einfrieren die beste Konservierungsmethode. Dabei ist zu beachten, daß bei Würsten, die so gelagert werden sollen, wirklich nur frisches und nicht schon bereits ranziges Fleisch verarbeitet wird. Die Wurst sollte möglichst bald nach der Herstellung eingefroren werden. Die Konservierungsmethode ist sehr sicher und relativ einfach zu handhaben. Schon unsere Vorfahren haben in den kalten Wintermonaten bei Dauerfrost Fleischteile und Würste hängen lassen und bemerkt, daß sie so einige Wochen lang für den Verzehr noch tauglich waren.

Frische Wurst schmeckt zweifelsohne am besten. Werden jedoch beim Tiefgefrieren bestimmte Regeln eingehalten, so weichen die Beschaffenheit und der Geschmack der Wurst nur wenig von der frischen ab. Sehr wichtig ist dabei, daß die Gefriertruhe gut funktioniert und daß beim Verpacken richtig vorgegangen wird. Außerdem müssen bei der Lagerzeit und der Auftauzeit bestimmte Regeln beachtet werden.

Regeln für das Tiefkühlen

Beim Einfrieren wird dem Material Wärme entzogen, bis es auf den Kern gefroren ist. Das Wasser in der Wurst wird dabei in Eiskristalle umgewandelt. Es hat sich herausgestellt, daß eine Temperatur von etwa $-18\,°C$ erforderlich ist, um Lebensmittel für den Verzehr zu erhalten. In diesem Temperaturbereich sind für Bakterien keine oder so gut wie keine Lebensbedingungen mehr vorhanden, so daß die Haltbarkeit gewährleistet ist. Das Einfrieren sollte so rasch wie möglich vor sich gehen. Das Material muß in möglichst kurzer Zeit bis in den Kern gefroren sein, dann ist der Fleischsaftverlust beim Auftauen am geringsten. Deshalb sollte die Temperatur zum Einfrieren noch weiter herabgesetzt werden (auf etwa $-25\,°C$). Dieser Vorgang wird auch als Schockgefrieren bezeichnet. Das gilt besonders, wenn größere Mengen auf einmal eingefroren werden sollen. Eine Gefriertruhe sollte auf keinen Fall mit zu großen Mengen auf einmal gefüllt werden. Dadurch steigt die Temperatur zu sehr an, und der Gefrierprozeß dauert um so länger. Es ist deshalb zu empfehlen, eine Schicht Wurst in die Gefriertruhe zu legen und dann sechs bis acht Stunden zu warten.

Zum Einfrieren sind alle Würste geeignet. Wie bereits beschrieben, sollten vor allem Bratwürste, Wiener Würstchen, Knackwurst und Kochschinken möglichst schnell nach der Herstellung gekühlt und hinterher eingefroren werden. Jeder weitere Tag vermindert die Qualität der Produkte. Die Ware muß immer gut vorgekühlt sein, dann kommt jeweils eine Portion in den Gefrierbeutel, die Luft wird so gut wie möglich entzogen (hilfreich ist ein Vakuumgerät), anschließend wird die Tüte mit einem Gummiring oder Clip verschlossen. Danach sollten die verschlossenen Beutel alsbald in das Gefriergerät gelegt werden.

Auftauen von Wurst

Bei der Wurst, die eingefroren werden soll, ist schon bei der Herstellung darauf zu achten, daß nicht zu viel Wasser, Blut, Speck und Salz verwendet wird, da das die Qualität negativ beeinflußt. Wenn größere Wursthüllen verwendet werden, ist zu empfehlen, die Wurst vor dem Einfrieren in Portionen zu schneiden, die der benötigten Menge nach dem Auftauen entspre-

Lagerung

chen. Beim Auftauen sollte besonders behutsam vorgegangen werden. Am besten taut man Wurststücke in einer Schüssel mit luftdichtem Verschluß im Kühlschrank auf, das dauert zwischen zwei und drei Tagen (mindestens die doppelte Zeit als bei Küchentemperatur). Man legt am besten ein Kreppapier auf den Boden der Schüssel, damit die Flüssigkeit beim Auftauen aufgesaugt wird und die Wurst nicht darin liegt. Danach hat die Wurst wieder eine ähnliche Struktur wie frische Wurst, das heißt, sie ist nicht wäßrig und nicht ausgetrocknet.

Bauernbratwürste werden roh eingefroren, dabei empfiehlt es sich, die Würste am Strang in der Truhe auszulegen. Man muß dabei beachten, daß sie sich nicht berühren, sonst frieren sie zusammen und beim Trennen zerreißen die Därme. Sind die Würste angefroren, steckt man sie einen großen Beutel. So hat man die Möglichkeit, einzelne Würste oder größere Portionen zu entnehmen. Das ist besonders von Vorteil, wenn unverhofft Besuch kommt; man kann so schnell etwas Gutes servieren. Bratwürste können gefroren gebrüht werden, das dauert natürlich länger. Das selbe gilt für Knackwürste. Die Auftauzeit bei Bratwürsten beträgt im Gegensatz zu anderer Wurst nur einen Tag. Da die Wurstmasse roh ist, sollte wegen der Vermehrung der Bakterien diese Auftauzeit nicht überschritten werden.

Kühl lagern oder einfrieren?

Es wurde bereits erwähnt, daß Rohwurst oder roher Schinken in einem kühlen und dunklen Raum gelagert werden. Bei streichfähiger Rohwurst ist diese Lagermethode relativ begrenzt. Auch wenn sie geräuchert ist, empfiehlt es sich, sie einzufrieren.

Schnittfeste Rohwurst trocknet, wenn sie über mehrere Monate nach der beschriebenen Methode gelagert wird, immer weiter aus. Will man ein weiteres Austrocknen vermeiden, und dies ist oft schon der Fall, wenn sie richtig schnittfest ist, kann auch sie tiefgefroren werden. Das gleiche gilt für rohen Schinken. Ein weiterer Anlaß für das Tiefgefrieren von schnittfester Rohwurst ist, wenn man bemerkt, daß sich die Qualität durch die Lagerung der Wurst im dunklen Raum verschlechtert. Um den Verderb auszuschließen, sollte unbedingt auf die Gefriertruhe umgestiegen werden. Das kann vorkommen, wenn das Fleisch für die Wurst nicht ganz geeignet war oder wenn bei der Herstellung oder Reifung Fehler gemacht wurden. Vor allem Anfänger sollten die Rohwurst bei der Lagerung sehr genau beobachten und immer wieder mal versuchen. Es wäre ärgerlich, wenn die Salami, die so mühevoll hergestellt wurde, durch die Lagerung verdirbt.

Es gibt keine Normen für die Lagerdauer der Würste in der Gefriertruhe, weil Unterschiede in der Materialzusammenstellung und in der Herstellmethode liegen. Je fetter und je stärker gesalzen eine Wurst ist, desto weniger lang läßt sie sich lagern. Es ist selbstverständlich, daß die Wurst um so besser bleibt, je kürzer die Lagerdauer ist. Unter normalen Umständen können Koch-, Roh- und Brühwurst drei bis vier Monate gelagert werden. Bei Bratwürsten sollte die Lagerdauer maximal vier bis sechs Wochen betragen. Hier bemerkt man sehr schnell, daß die Würste ranzig werden. Das gleiche gilt für Fleischkäse und Wiener Würstchen.

Vorbereitungen für die Wurstherstellung

Wer erfolgreich, ohne Hektik und ohne Enttäuschungen, ohne Störungen und Aufregungen Wurst herstellen möchte, muß den gesamten Produktionsablauf sorgfältig durchdenken und organisieren.

Die erste Überlegung ist, welche Wurst soll hergestellt werden und in welcher Menge. Danach richten sich die notwendigen Planungen und Vorkehrungen.

Zunächst muß überprüft werden, welche Werkzeuge, Geräte und Maschinen benötigt werden. Soll zum Beispiel nur Bratwurst in Gläsern hergestellt werden, genügen ein Messer, ein Schneidebrett, ein Fleischwolf und schon kann es losgehen. Soll aber Rohwurst hergestellt werden, wird eine Vorrichtung zum Reifen der Würste benötigt, ein Wurstfüller und vieles mehr.

Bei jeder Form der Wurstherstellung müssen die Maschinen und Werkzeuge in einem einwandfreien technischen und hygienischen Zustand sein. Man ärgert sich schnell, wenn der Fleischwolf oder das Messer nicht richtig schneidet oder ein Zusatzteil an einem Gerät fehlt oder defekt ist.

Eine weitere Frage gilt den Personen, die man möglicherweise zum Helfen benötigt. Bleibt es bei den oben genannten Bratwürsten, kann ein solcher „Wursttag" noch lässig alleine bewältigt werden. Das sieht schon anders aus, wenn zum Beispiel eine größere Menge Blutwurst hergestellt werden soll. Da braucht man jemanden, der beim Schneiden der Würfel behilflich ist und manche Wurstsorten kann man mit einer Hilfestellung wesentlich leichter in die Därme füllen.

Besonders wichtig ist es, exakt zusammenzustellen, welche Fleischsorten in welchen Mengen benötigt werden. Das Fleisch muß rechtzeitig beim Lieferanten bestellt werden. Vor allem ist der möglicherweise nötige Zukauf von Fleisch oder Speck zu bedenken, wenn man Fleisch aus eigener Jagd oder Kleintierschlachtung verwursten möchte.

Es muß nachgesehen werden, ob noch ausreichend Gewürze, Zusatzstoffe und Därme vorhanden sind und ob diese noch in einem guten Zustand sind. Außerdem müssen genügend gespülte Gläser oder Dosen bereitstehen, wenn welche gefüllt werden sollen. Es gibt nichts ärgerlicheres, als wenn die Wurstmasse fertig ist und man nicht weiß, in was sie gefüllt werden soll. Auch an vermeintliche Kleinigkeiten ist zu denken, wie Knoblauch oder Wurstgarn.

Ein sehr gutes und bewährtes Hilfsmittel ist es, lange vor dem Wursttag in aller Ruhe eine Liste aller Dinge zusammenzustellen, die vorbereitet, eingekauft oder bestellt werden müssen und außerdem einen genauen Zeitplan aufzustellen, damit bei Beginn des Wurstens wirklich alles bereit ist. Was an beschafften Zutaten übrig bleibt, ist beim nächsten Mal wieder zu verwenden, wenn man bei der Aufbewahrung sorgfältig ist. Naturdärme müssen gesalzen und gekühlt aufbewahrt werden, sonst verderben sie. Sollte man sie über Monate nicht mehr benötigen, muß man sie einfrieren.

Sind dann bis zum Wursttag alle nötigen Dinge beschafft, werden sie bereitgelegt und die Zutaten abgewogen.

Die Herstellung von Kochwurst

Kochwurst

In der Metzgerei spielt die Kochwurst eine eher untergeordnete Rolle. Das sieht bei der Hausschlachtung ganz anders aus. Es wird kaum eine Hausschlachtung durchgeführt, bei der keine Kochwurst hergestellt wird. Für den Hobbywurster ist Kochwurst relativ einfach herzustellen. Man benötigt nur wenige Werkzeuge dazu.

Bei Kochwürsten wird der Großteil des Materials gekocht oder zumindest angebrüht verarbeitet. Das bedeutet, daß zweimal gegart wird, zunächst das Material, dann nochmals die Wurst.

Oftmals steht die Kochwurst in dem Ruf, darin werde nur Abfall verwertet. Genau diesem Gedanken kann man entgegenwirken, wenn man die Wurst selbst macht. Dann weiß man genau, was in der Wurst ist und dann kann man sie mit Appetit essen. Hier gilt ganz besonders der Spruch, daß die Wurst nicht besser werden kann, als das Material ist, aus dem sie gemacht wird.

Kochwurst umfaßt Leber-, Blut- und Sülzwürste. Von diesen Wurstarten gibt es eine Vielzahl verschiedenster Sorten und Rezepte.

Wichtige Hinweise zur Kochwurstherstellung

Die Herstellung der Kochwurstmasse ist im allgemeinen zeitaufwendiger als die Herstellung einer anderen Wurst.

Zunächst müssen Fleisch und Speck gegart werden. Die dabei entstehende Fleischbrühe wird auf jeden Fall beim späteren Garen der Würste wiederverwendet. Danach kann sie zum Kochen von Suppen und Soßen dienen.

In den einzelnen Rezepten für Kochwurst ist immer wieder die Zugabe von Fleischbrühe empfohlen. Bei der Herstellung von Weißer Preßwurst ist sie ein fester Bestandteil des Rezepts. Den Leberwürsten kann Fleischbrühe zugegeben werden, bis die Wurstmasse geschmeidig wird. Das entspricht etwa 0,1–0,2 l je kg Wurstmasse.

Bei den Blut- und Preßwürsten muß das Material nach dem Garen von Hand geschnitten werden. Da die gekochten Teile fettig sind und meist Blut verwendet wird, sind auch die Reinigungsarbeiten hinterher entsprechend zeitintensiv.

Wenn man erst einmal etwas Erfahrung besitzt, sollte man sich bei der Kochwurstherstellung nicht nur auf eine Sorte beschränken und davon möglicherweise nur ein Kilo herstellen. Es ist viel rationeller, Leber-, Blut-, Zungen- und Preßwurst auf einmal herzustellen. Man sollte dann aber noch eine Hilfe haben, die einen bei dieser Arbeit unterstützt. So wird die Arbeit geteilt, das Fleisch und hinterher die Würste können auf einmal gegart werden, die ganze Arbeit ist viel unterhaltsamer und man hat jemanden, der mit abschmecken kann.

Das Abschmecken ist trotz genauem Abwiegen der Zutaten und Gewürze sehr wichtig. Bei den anderen Wurstsorten wird, wenn abgewogen wird, normalerweise nicht mehr nachgewürzt. Bei der Kochwurstmasse, vor allem bei den Blut- und Preßwürsten, muß öfter noch etwas mit Salz oder Gewürzen nachgeholfen werden, da die Zusammensetzung immer wieder etwas anders ausfällt.

Reihenfolge bei der Wurstherstellung

Beim Hausschlachten wird immer zuerst Leberwurst gemacht, dann folgt die Weiße Preßwurst, anschließend die Blut- und

Zungenwurst und zum Schluß die Rote Preßwurst. Dies läßt sich wie folgt erklären: Leberwurst ist eine helle Wurstsorte und die Wurstmasse verändert sich nach dem Garen nur wenig im Geschmack. Die Weiße Preßwurst ist ebenfalls eine helle Wurstmasse, wegen des groben Materials muß die Masse aber gut würzig schmecken, da sie nach dem Garen an Geschmacksintensität verliert. Hat man erst einmal kräftig gewürzte Wurstmasse abgeschmeckt, ist es schwierig, danach noch eine Wurstmasse abzuschmecken, die nicht so würzig schmecken soll. Nach den hellen Würsten kommt die Blutwurst an die Reihe. Diese Masse ist blutig; wollte man erst danach eine helle Wurstmasse herstellen, müßte das gesamte Geschirr gespült werden. Umgekehrt kann man sich die Arbeit sparen. Diese Wurstmasse muß ebenfalls kräftig abgeschmeckt werden. Von der Blutwurstmasse wird in der Regel ein Teil für die Zungenwurst verwendet, nur die Zungenstücke werden noch hinzugefügt. Zuletzt wird die Rote Preßwurst hergestellt. Dies begründet sich damit, daß die Einlagestücke für die Rote Preßwurst noch größer geschnitten werden und die Masse somit noch kräftiger gewürzt sein muß als bei Blutwurst oder Weißer Preßwurst.

Das alles hört sich vielleicht etwas erschreckend an. Wer aber so vorgeht, wird schnell erkennen, daß die Arbeiten durchaus zu bewältigen sind und daß auf diese Weise sehr rationell gearbeitet werden kann. Zunächst aber, sozusagen zum Erlernen, sollte vorsichtig, vielleicht nur mit einer Sorte und mit kleinen Mengen begonnen werden.

Beschreibung, Behandlung und Verwendung des Rohmaterials

Wie bereits erwähnt, ist es bei keiner anderen Wurstart so wichtig, schlachtwarmes Material zu verarbeiten, wie bei Kochwurst. Nur so können ganz erstklassige Würste entstehen.

In der Regel werden, bis auf wenige Ausnahmen, nur Fleischteile vom Schwein zur Kochwurstherstellung verwendet. Im folgenden wird auf die einzelnen Teilstücke, die typisch für die Kochwurstherstellung sind, näher eingegangen. Viele dieser Teile, wie Blut, Nicker, Köpfe, können anderweitig nicht so gut oder gar nicht verwertet werden. Natürlich können auch Fleischteile wie Eisbein, Schälrippchen, Bauch oder Hals zur Kochwurst verwendet werden. Diese Teile werden hier nicht näher beschrieben, weil sie als bekannt vorausgesetzt werden können, sie kommen aber in den Rezepten unter Umständen vor.

Schweinefleisch

Blut: Es wird bei der Tötung des Schweins aufgefangen und mit einem Rührstock geschlagen, damit es nicht gerinnt. Dabei muß sehr hygienisch gearbeitet werden, da Blut ein guter Nährboden für Bakterien ist. Es sollte auf jeden Fall spätestens am zweiten Tag nach der Schlachtung verarbeitet werden. Es ist sehr wichtig zu wissen, ob dem Blut beim Rühren Salz zugegeben wurde, denn das muß bei der Wurstherstellung berücksichtigt werden. Das Blut wird vor der Wurstherstellung kaltgestellt. Vor dem Zugeben zur Wurst muß es nochmals aufgerührt werden, da sich das Plasma absetzt. Oben ist das Blut dann nur

Kochwurst

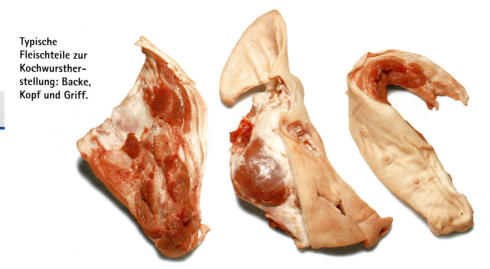

Typische Fleischteile zur Kochwurstherstellung: Backe, Kopf und Griff.

wäßrig. Ist das Blut zu kalt, was im Winter der Fall sein kann, wenn man es ins Freie stellt, sollte es vorsichtig etwas angewärmt werden. Blut wird zusammen mit gekochten Schwarten für Blutwürste verwendet. Das Blut muß zur Wurstherstellung abgesiebt oder durchpassiert werden, um geronnene Teilchen abzusondern, die in der Wurst unerwünscht sind.

Schwarten: Die Schwarte ist der „Leim in der Wurst". Sie wird vom rohen Speck möglichst fettfrei abgezogen. Das läßt man aber am besten den Fachmann machen, da dabei Übung erforderlich ist. Es sollte die Schwarte vom Rücken- oder Schulterspeck verwendet werden. Sie hat die beste Bindung. Die Schwarte wird in kochendem Wasser, am besten in einem Netz, gegart. Ohne Netz bringt man sie nur schwer wieder aus dem kochenden Wasser, da die Schwarten oftmals aus langen Streifen bestehen und gern aus dem Sieb gleiten. Die Schwarten sind gar, wenn sie sich mit Daumen und Zeigefinger quetschen lassen. Werden sie hingegen verkocht, so ergeben sie in der Wurst keine ausreichende Bindung mehr. Es muß außerdem berücksichtigt werden, daß die Schwarten älterer Tiere eine höhere Bindekraft haben als die von jüngeren. Die Schnittfestigkeit der Wurst kann durch die Zugabe von Schwarten gesteuert werden. Bei zuviel Schwarten wird die Wurst wie Gummi, bei zu wenig ist die Wurst nicht schnittfest. Schwarten werden normalerweise den Blut- und Sülzwürsten zugegeben. In sehr seltenen Fällen kann auch der Leberwurst etwas Schwarte zugegeben werden, wenn man schnittfeste Leberwurst erzeugen möchte. Außerdem muß das Verhältnis Schwarte – Blut oder Schwarte – Fleischbrühe stimmen, da sonst die bereits erläuterten Fehler auftreten.

Kopf: Schweinsköpfe werden als Hälften gekauft. Ist das Hirn noch nicht entfernt, nimmt man es zunächst heraus. Dann werden die Köpfe mehrmals in sauberem Wasser durchgewaschen, da sie oft noch blutig sind. Werden die Köpfe nicht schlachtwarm verarbeitet, sollte man sie für mindestens eine Stunde in kaltes Wasser legen.

Kochwurst

Werden Kopfhälften mit Backe gekauft, sollte die Backe abgeschnitten und gesondert gegart werden. Außerdem sollte das Fleisch am Unterkiefer angeschnitten werden. Durch diese Maßnahmen geht das Garen schneller voran. Sonst ist der Kopf außen verkocht und innen noch blutig. Der Kopf ist gar, wenn man ihn in der Augengegend mit dem Finger eindrücken kann; wenn das Fleisch von selbst vom Knochen fällt, ist das Fleisch verkocht. Kopffleisch wird zur Herstellung von weißer und roter Preßwurst verwendet; man kann auch etwas der Leberwurst zugeben. Kopffleisch kann natürlich ebenso zur Blutwurstherstellung verwendet werden, es verbessert die Qualität. Macht man Blut- und Preßwurst, werden die mageren Teile der Preßwurst, die fetteren Teile der Blutwurst zugegeben. Wichtig ist, daß das Fleisch vor der Wurstherstellung sorgsam auf Knochensplitter und Zähne durchsucht wird, damit sie nicht in die Wurstmasse gelangen.

Backe: Sie wird nach dem Garen in der Regel zur Blutwurstherstellung verwendet. Auch bei der Herstellung von roter Preßwurst kann etwas Backe in Form von Speckstreifen zugegeben werden. Außerdem ist sie ein guter Rohstoff zur Leberwurst, vor allem für Delikateßleberwurst.

Griff: Der Griff ist der vordere (fette) Teil des Schweinebauchs. Griffe werden gegart für Leberwurst verwendet. Der kernige Teil kann auch der Blutwurst zugegeben werden.

Zunge: Die Zungen werden ebenfalls gegart weiterverarbeitet. Sehr wichtig ist dabei, daß sie geschält werden. Die Zungen sind von einer grauen Haut umgeben, die sich leicht entfernen läßt, indem man die rohen Zungen für ein paar Minuten in etwa 70 °C heißes Wasser taucht. Danach löst sich die graue Schicht und kann mit dem Messer abgekratzt werden. Das ist die einfachste Lösung. Man kann die Zungen aber auch nach dem Garen noch schälen. Das ist mit mehr Aufwand verbunden. Nach dem Garen sollten die Zungen der Länge nach in der Mitte aufgeschnitten werden. Dann sieht man im unteren Bereich der Zunge eine dunkelgraue, schleimartige Schicht. Das ist die Speicheldrüse. Diese Schicht muß entfernt werden. Zungen können für Zungenwurst, aber auch für Blut- oder Preßwurst verwendet werden. Sie sind ein sehr guter Rohstoff für die Kochwurstherstellung.

Herzen: Sie werden ebenfalls gegart verarbeitet. Bevor sie gekocht werden, müssen sie sauber von den Blutresten befreit und ausgewaschen werden. Nach dem Garen wird die Aorta herausgeschnitten. Sie hat ein helles, schlauchförmiges Aussehen. Herzen können der Blut- und der Preßwurst beigegeben werden und verbessern wie die Zungen die Qualität der Wurst.

Leber: Von der Leber sind zunächst die Gallengänge gründlich zu entfernen. Man erkennt sie an der gelben Farbe. Leber muß unbedingt roh verarbeitet werden und darf auf keinen Fall gekocht werden. Wenn Leber gekocht wird, geht die Bindekraft verloren, außerdem bekommt die Leberwurst ein schwarz-graues, unappetitliches Aussehen. Leber kann vor der Verarbeitung etwa fünf Minuten angebrüht werden. Dadurch ist sie nicht mehr so blutig und verfärbt die Leberwurst nicht so stark. Andernfalls muß die Leber etwa 15 Minuten in kaltes Wasser gelegt werden. Sie gibt der Leberwurst nicht nur den typischen Lebergeschmack, sondern bewirkt, wie bereits erwähnt, die nötige Bindung in

Kochwurst

Leber, Milz mit Nicker, Herz und Zunge

der Leberwurst. Auch der roten Preßwurst und der Thüringer Rotwurst kann etwas Leber zugegeben werden, das verfeinert den Geschmack.

Lunge: Sie kann gekocht in die Leberwurst gewolft werden, was allerdings deren Qualität nicht unbedingt verbessert. Um sie verwenden zu können, muß die Lunge schön hell sein.

Rückenspeck: Der Rückenspeck liegt über der Kotelett- und Halspartie. Dieser Speck wird nur abgeschwartet verarbeitet. Wie bereits erwähnt, sollte dies bereits vor dem Einkauf erfolgen. Rückenspeck gibt man der Blutwurst bei. Sollte das für die Leberwurst vorgesehene Material extrem mager sein, kann auch etwas Rückenspeck in die Leberwurst gewolft werden. Bei der Blutwurstherstellung gibt es für den Rückenspeck zwei Verarbeitungsmethoden:

Der Speck wird in etwa 1 cm große Würfel geschnitten und im heißen bis kochenden Wasser etwa 30 Minuten gebrüht. Man rührt die Würfel zwischendurch immer wieder mit einem Rührlöffel um. Anschließend werden die Würfel heiß der Wurstmasse zugefügt. Die gebrühten Würfel werden beispielsweise der Schwarzwurst im Ring zugegeben.

Bei der zweiten Methode wird am Rückenspeck zunächst das noch anhaftende Magerfleisch entfernt. Der Speck wird anschließend in etwa 1,5 cm große Würfel geschnitten, die zu Schweineschmalz in einem großen Topf ausgelassen werden. Dabei ist es wichtig, daß die Würfel alle die gleiche Größe haben, damit sie gleichmäßig bräunen. Diese sogenannten Grieben darf man nicht zu dunkel werden lassen, da sie sonst der Wurst einen verbrannten Geschmack geben. Haben Grieben die gewünschte goldgelbe Farbe, werden sie vom Schmalz abgesiebt. Anschließend werden sie gut ausgedrückt und in kaltes Wasser geschüttet, damit sie nicht nachbräunen. Die Grieben können zur Wurstherstellung verwendet werden und ergeben die sogenannte Griebenwurst (Blutwurst). Oftmals wird diese Methode, die in vielen Regionen beim Hausschlachten angewandt wird, kritisiert, aber der Vorteil liegt darin, daß die Wurst wesentlich magerer ist, und gerade das ist ja in der heutigen Zeit, wo Hausmacher-Wurst vielfach als zu fett verpönt ist, erwünscht. Außerdem erhält man auf diese Weise ein erstklassiges Schweineschmalz, viel besser als vom Bauchfett (Schmer, Flomen).

Nicker mit Milz (Darmgekröse): Werden Nicker verarbeitet, gibt man sie der Leberwurst bei. Sie werden im gekochten Zustand gewolft zugegeben. Sie müssen vor dem Garen gut gewässert werden. Außerdem sollte der Anteil in der Wurst nicht zu hoch sein.

Magerfleischabschnitte: Sie werden roh gewolft und können der weißen Preßwurst zugegeben werden.

Kochwurst

Fleisch von anderen Schlachttieren

Die typischen Teile für die Kochwurstherstellung kommen ausschließlich vom Schwein. Es kann jedoch vorkommen, daß jemand selbst andere Schlachttiere besitzt und diese verwerten möchte oder daß aus gesundheitlichen Gründen kein Schweinefleisch verwendet werden soll. Daher soll an dieser Stelle noch kurz auf das Fleisch von anderen Tieren eingegangen werden.

Rindfleisch

Allgemein gilt bei Rindfleisch, daß das Rinderfett, auch Talg genannt, sauber entfernt werden muß. Das gleiche gilt für die Sehnen. Das Rinderfett ist für die Wurstherstellung nicht brauchbar und kann keinesfalls den Speck ersetzen. Die Kochwurst erhält durch die Zugabe von Fleischteilen vom Rind, die naturgemäß weniger fett sind, eine trockenere Beschaffenheit.

Kochwurst

Folgende Teile können bei der Kochwurstherstellung Verwendung finden:

Kopf: Rinderkopf kann Blut- und Preßwurst bis zur Hälfte des groben Materials zugegeben werden.

Zungen, Herzen: Die Verarbeitung entspricht der beim Schwein.

Leber: Rindsleber ist nicht unbedingt geeignet. Die Wurst wird dunkel und griesig. Wenn Rindsleber zugegeben wird, sollte der Anteil maximal 25 % vom Gesamtanteil an Leber betragen.

Magerfleisch: Der Leberwurst kann etwas mageres Rindfleisch zugegeben werden. In manchen Regionen ist es sogar fester Bestandteil der Preßwurst. Rindfleischabschnitte werden sowohl in gekochtem als auch in rohem Zustand zugegeben.

Kalbfleisch

Kalbfleisch dürfte nur selten für die Wurstherstellung in Betracht kommen, da der Preis sehr hoch ist. Aus gesundheitlicher Sicht ist es natürlich hervorragend geeignet und wer nicht auf die Kosten achten muß, wird es vielleicht gerne verwenden.

Zungen, Herzen: siehe Schwein.

Leber: Sehr gut geeignet für Leberwurst (Kalbsleberwurst).

Magerfleischabschnitte: Sehr gut geeignet für Leberwurst, sie können auch zur Hälfte der Weißen Preßwurst zugegeben werden.

Fleisch von Schaf und Ziege

Zungen, Herzen: siehe Schwein.

Leber: Leber von jüngeren Tieren kann in höheren Anteilen verwendet werden. Leber von älteren Tieren nur bis etwa 50 % des gesamten Leberanteils (siehe Rind).

Magerfleisch: Magerfleisch von jüngeren Tieren kann sehr gut der Leberwurst zugegeben werden. Mit Fleisch von älteren Tieren sollte für Leberwurst sparsamer umgegangen werden. Der Preßwurst kann man etwas zugeben.

Wildfleisch

Außer Innereien haben bei der Kochwurstherstellung keine Fleischteile Bedeutung (siehe dafür Schaf und Ziege).

Fleisch von Geflügel und Kaninchen

Fleisch dieser Tiere hat bei den Hobbytierhaltern große Bedeutung. Puten, Gänse, Enten liefern hervorragendes Fleisch und ausgezeichnete Lebern. Weniger geeignet sind Hühner. Natürlich gilt auch hier, daß ältere Tiere eine schlechtere Qualität geben als jüngere.

Zungen, Herzen: Zungen von Kaninchen und Herzen beider Tiergattungen sind geeignet.

Leber: Lebern können ohne weiteres der Leberwurst zugegeben werden (Geflügelleberwurst).

Magerfleischabschnitte: Sie sind für Leber- und Preßwurst sehr gut geeignet.

Kochwurstrezepte

Leberwurst, einfach

Material
20 % Schweineleber
10 % Schweinelungen
20 % Nicker mit Milzen
20 % Schweinekopffleisch
30 % durchwachsener Schweinebauch (Schweinegriffe)
Gewürze und Zusatzstoffe
je kg Wurstmasse
20 g Kochsalz
2 g Pfeffer, weiß, gemahlen
0,5 g Muskat
0,5 g Piment
1 g Majoran, gerebbelt
1 kleine Stange Lauch
1 kleine Zwiebel
½ Zehe Knoblauch

Das Fleisch wird gegart. Die von den Gallengängen befreite Leber kann im Kessel leicht angebrüht werden. Das gesamte Material wird zusammen mit Lauch, Zwiebeln und Knoblauch durch die 5-mm-Scheibe gewolft und mit den Gewürzen und Zusatzstoffen gut vermengt. Nun wird die Masse nach Wunsch mit heißer Fleischbrühe verdünnt und abgefüllt. Die Masse muß beim Füllen noch gut warm sein, sonst wird sie zäh. Leberwurst wird in der Regel in Schweinefettenden, Schweinebratdärme oder Rinderkranzdärme gefüllt und gegart.

Kochwurst

Danach wird sie kurz in kaltes Wasser getaucht und auf ein Brett oder einen Tisch zum Auskühlen gelegt. Erst nach dem völligen Erkalten wird sie im Kaltrauch leicht angeräuchert. Sie kann auch in transparente Kunstdärme gefüllt werden. Diese sind luftdicht und können nicht angeräuchert werden. Außerdem kann die Masse in Gläser oder Dosen gefüllt werden.
Garzeit: bei 80–82 °C etwa 10–12 Minuten je Zentimeter Durchmesser.

Hausmacher-Leberwurst

Material
30 % Schweineleber
50 % durchwachsener Schweinebauch (Griffe)
20 % Nicker mit Milzen
Gewürze und Zusatzstoffe
je kg Wurstmasse
20 g Kochsalz und/oder Nitritpökelsalz
2 g Pfeffer, weiß, gemahlen
0,5 g Muskat
2 g Majoran, gerebbelt
0,5 g Ingwer
0,25 g Kardamom
1 kleine Zwiebel

Die Herstellung ist identisch mit der von einfacher Leberwurst, nur wird diese Masse durch die 3- oder 4-mm-Scheibe gewolft.

Kochwurst

Kalbsleberwurst

Material
- 10 % Kalbsleber (Geflügel- oder Kaninchenleber)
- 20 % Schweineleber
- 30 % Kalbfleisch (Fleisch von Geflügel, Kaninchen, Lamm oder Zicklein)
- 40 % durchwachsener Schweinebauch (Griffe)

Gewürze und Zusatzstoffe
je kg Wurstmasse
- 18 g Nitritpökelsalz
- 2 g Pfeffer, weiß, gemahlen
- 1 g Mazis
- 0,5 g Paprika, edelsüß
- 0,5 g Ingwer
- 40 g Zwiebeln

Das gesamte Fleisch- und Fettmaterial mit Ausnahme der Leber wird bei 80–90 °C gut angebrüht und abgekühlt.
Die Leber wird sauber von Gallengängen befreit, in Streifen geschnitten und gewässert. Die Zwiebeln werden in Ringe geschnitten und im Fett goldgelb gedämpft. Nun wird das gesamte Material durch die 2-mm-Scheibe gewolft, gewürzt und gut vermengt. Die Masse wird mit heißer Fleischbrühe verdünnt (0,1–0,2 l je kg Wurstmasse). Die weitere Verarbeitung ist identisch mit der von Leberwurst, einfach. Beim Abkühlen muß sehr vorsichtig gearbeitet werden, auf keinen Fall darf man plötzlich abkühlen. Deshalb legt man die Würste nach dem Garen zunächst in lauwarmes Wasser. Dieses Wasser wird nun langsam durch Zugabe von kaltem Wasser heruntergekühlt. Die Därme werden dann durch Hin- und Herstreichen massiert, damit sich kein Fett absetzt. Es ist deshalb zu empfehlen, die Würste in Naturin- oder Sterildärme zu füllen, da die Naturdärme beim Massieren gerne platzen. Nach völligem Erkalten können Natur- und Naturindärme kalt nachgeräuchert werden, nicht aber Sterildärme.

Wer einen Mixer (besser eine Küchenmaschine mit Mixaufsatz) hat, kann zunächst die gewässerte und mit der 2-mm-Scheibe gewolfte Leber mixen bis sie Blasen wirft (etwa 3 Minuten). Diese Leber nimmt man mit dem Küchenschaber aus dem Mixbecher. Anschließend wird das restliche vorgewolfte Material mit den gedämpften Zwiebeln fein gemixt. Nun wird die Leber langsam eingemixt. Die Gesamtmasse wird nochmals einige Minuten gemixt, wobei die Gewürze, Zusatzstoffe sowie die Fleischbrühe, wenn man welche zugeben will, zu Beginn zugegeben werden. Die gemixte Leberwurst ist viel feiner und streichfähiger.

Delikateßleberwurst

Material
- 30 % Schweineleber
- 20 % Schweinefleischabschnitte, mager
- 50 % durchwachsener Scheinebauch (Griffe)

Gewürze und Zusatzstoffe
je kg Wurstmasse
- 18 g Nitritpökelsalz
- 2 g Pfeffer, weiß, gemahlen
- 0,25 g Muskat
- 0,5 g Mazis
- 0,5 g Majoran, gemahlen

Die Verarbeitung ist identisch mit der von Kalbsleberwurst.

Griebenwurst

Material
- 15 % Grieben von ausgelassenem Rückenspeck
- 35 % kerniger Schweinebauch
- 25 % frische, entfettete Schwarten
- 25 % Schweineblut

Gewürze und Zusatzstoffe
- je kg Wurstmasse
- 20 g Kochsalz
- 2,5 g Pfeffer, schwarz, gemahlen
- 1 g Piment
- 3 g Majoran, gerebbelt
- ½ Zwiebel

Der Schweinebauch und die Schwarten werden gegart. Der Bauch wird, nachdem er ausgekühlt ist, zu Würfeln von 0,5 cm geschnitten. Grieben werden hergestellt wie im Abschnitt „Rückenspeck" (Seite 70) beschrieben. Nun werden die gesamten Würfel samt Grieben (Wasser vorher abschütten) im Sieb über dem Kochtopf, in dem die Fleischteile gegart wurden, mit heißer Fleischbrühe übergossen und ausgedrückt. Die gegarten Schwarten werden mit den Zwiebeln durch die 3-mm-Scheibe gewolft und zusammen mit den restlichen Zutaten unter die Würfel gemengt. Dann wird die Masse mit Blut verdünnt und

Kochwurst

noch einmal kräftig vermengt. Das Blut sollte vor der Wurstherstellung leicht angewärmt werden. Es ist wichtig, daß die Blutwurstmasse gut warm ist, sonst wird sie fest und kann nur sehr mühsam eingefüllt werden. Die Wurstmasse muß beim Abschmecken einen sehr kräftigen Geschmack haben, da die Würfel das Salz und die Gewürze erst nach und nach aufsaugen müssen. Die Wurstmasse wird in Schweinskrausen, Bratdärme oder Rinderkranzdärme gefüllt, auch transparente Sterildärme können verwendet werden. Außerdem kann die Masse in Gläser oder Dosen gefüllt werden. Die weitere Behandlung ist die gleiche wie bei Leberwurst, einfach.
Garzeit: etwa 15 Minuten je Zentimeter Durchmesser bei 80–85 °C.

Hausmacher-Blutwurst

- Material
- 25 % Schweinekopffleisch
- 30 % kerniger Schweinebauch oder -backen
- 10 % Schweineherzen
- 20 % frische, entfettete Schwarten
- 15 % Schweineblut
- Gewürze und Zusatzstoffe
- je kg Wurstmasse
- 20 g Kochsalz
- 2,5 g Pfeffer, schwarz, gemahlen
- 1 g Piment
- 2 g Majoran, gerebbelt
- 0,5 g Thymian
- ½ Zwiebel

Die Herstellung ist identisch mit der von Griebenwurst.

Schwarze im Ring

- Material
- 50 % abgeschwarteter Rückenspeck
- 30 % frische, entfettete Schwarten
- 20 % Schweineblut
- Gewürze und Zusatzstoffe
- je kg Wurstmasse
- 20 g Kochsalz
- 3–4 g Pfeffer, schwarz, gemahlen
- 1,5 g Piment
- 0,5 g Paprika, scharf
- 3 g Majoran
- ½ Zwiebel

Der Rückenspeck wird in Würfel von 1 cm geschnitten und in der Fleischbrühe gut angebrüht. Während dieses Vorgangs werden die Speckwürfel des öfteren mit einem Rührlöffel umgerührt. Die Würfel müssen durchgegart sein. Ist das der Fall, werden sie abgeseiht und mit klarem, heißem Wasser übergossen, damit das noch anhaftende Fett entfernt wird. Die weitere Verarbeitung ist identisch mit der von Griebenwurst. Die Masse wird aber in Rinder-

kranzdärme gefüllt und zu Ringen abgebunden. Diese Wurst bezeichnete man in früheren und vor allem ärmeren Zeiten auch als „Arbeitersalami". Nach dem Anräuchern kann die Wurst gut in einem kühlen, trockenen Raum gelagert werden. Sie wird hart wie Salami.

Zungenwurst

- Material
- 50 % Blutwurstmasse
- 50 % Schweinezungen, gepökelt

Die Zungen werden in einem kleinen Topf etwa 60–90 Minuten gegart. Der kleine Topf ist deshalb wichtig, da den Zungen in einem großen Topf mit viel Wasser das Salz entzogen würde. Beim Garen kann dem Wasser auch etwas Nitritpökelsalz zugegeben werden. Anschließend werden die Zungen sauber geschält und geputzt, sofern das beim Kauf noch nicht geschehen ist. Zungenwurst wird in Schweine- oder Rinderbutten oder Schweinemägen gefüllt. Die Masse kann auch in transparente Sterildärme oder in Gläser oder Dosen gefüllt werden. Der Darm wird zunächst etwa zu einem Viertel gefüllt. Anschließend werden einige Zungen in die Blut-

wurstmasse bis ans Darmende gesteckt und zwar abwechselnd einmal die Spitze und einmal die breite Seite der Zunge nach unten. Dann wird der Darm wieder ein Stück mit Blutwurstmasse gefüllt. Wieder werden Zungen hineingesteckt und so fort. Die Wurst besteht zur Hälfte aus Zungen, das heißt, es sollte darauf geachtet werden, daß überall Zungen sind und daß dazwischen mit Blutwurstmasse gleichmäßig aufgefüllt wird. So erhält man später beim Aufschneiden ein schönes Schnittbild. Die Naturdärme werden nach völligem Erkalten leicht kaltgeräuchert.

Garzeit: etwa 15 Minuten pro Zentimeter Durchmesser bei 80–82 °C.

Zungenwurst, gewürfelt

- Material
- 50 % Blutwurstmasse
- 50 % Schweinezungen
- Gewürze und Zusatzstoffe
- je kg Zungen
- 20 g Nitritpökelsalz
- 3 g Pfeffer, schwarz, gemahlen
- 0,5 g Mazis

Die Zungen werden etwa 60–90 Minuten gegart und die Zungenhaut wird gründlich entfernt. Anschließend werden die Zungen in 3 cm große Würfel geschnitten und mit den Gewürzen und Zutaten vermengt.

Kochwurst

Nach 1–2 Stunden werden diese Würfel mit der Blutwurstmasse vermengt und eingefüllt. Die weitere Verarbeitung entspricht der von Zungenwurst.

Roter Schwartenmagen

Material
- 60 % Schweinekopffleisch mit Backe
- 20 % frische, entfettete Schwarten
- 20 % Schweineblut

Gewürze und Zusatzstoffe
je kg Wurstmasse
- 20 g Nitritpökelsalz
- 3 g Pfeffer, schwarz, gemahlen
- 0,5 g Piment
- 0,25 g Muskat
- 1 g Majoran, gerebbelt
- ½ Zwiebel

Der Schweinskopf wird gegart und die Knochen werden sauber herausgelöst. Hier muß sehr auf Splitter geachtet werden. Die Fleisch- und Fetteile werden in längliche, dünne Streifen geschnitten. Anschließend werden diese Streifen im Sieb mit heißer Fleischbrühe übergossen. Die gegarten Schwarten werden mit den Zwiebeln durch die 3-mm-Scheibe gewolft. Nun wird die Gesamtmasse gewürzt und mit dem angewärmten Blut vermengt. Die weitere Verarbeitung ist identisch mit der von Zungenwurst.

Thüringer Rotwurst

Material
- 55 % mageres Schweinefleisch von Schulter oder Schlegel (auch Kaninchen, Kalb oder Geflügel möglich)
- 20 % Schweinebacken
- 10 % frische, entfettete Schwarten
- 5 % Schweineleber
- 10 % Schweineblut

Gewürze und Zusatzstoffe
je kg Wurstmasse
- 20 g Nitritpökelsalz
- 3 g Pfeffer, schwarz, gemahlen
- 0,5 g Piment
- 0,25 g Muskat
- 0,5 g Kümmel
- 1 g Majoran, gerebbelt
- 0,5 g Thymian
- etwas Zwiebel

Das Schweinefleisch und die Schweinebacken werden gegart. Das Schweinefleisch wird in 3–4 cm große Würfel, die Schweinebacken in längliche, schmale Streifen geschnitten. Diese Fleischteile werden nun heiß im Sieb abgeschwenkt und mit den Gewürzen und Zusatzstoffen vermengt. Nach 1–2 Stunden werden die gegarten Schwarten, die Leber und die

Kochwurst

Zwiebeln durch die 3-mm-Scheibe gewolft und zusammen mit den Fleischteilen und dem Schweineblut gut vermengt. Die weitere Verarbeitung ist identisch mit der von Zungenwurst.

Weißer Schwartenmagen

- Material
- 50 % Schweinekopffleisch
- 10 % mageres Schweinefleisch
- 20 % frische, entfettete Schwarten
- 20 % heiße Fleischbrühe
- Gewürze und Zusatzstoffe
- je kg Wurstmasse
- 20 g Nitritpökelsalz
- 3 g Pfeffer, weiß, gemahlen
- 0,25 g Muskat
- 0,5 g Piment
- 0,25 g Ingwer
- etwas Zwiebel

Die Schweinsköpfe werden gegart und ausgebeint. Das Kopffleisch wird in lange, dünne Streifen geschnitten und heiß abgeschwenkt. Das magere Schweinefleisch wird roh mit den gegarten Schwarten und den Zwiebeln durch die 3-mm-Scheibe gewolft und zusammen mit den Streifen, den Gewürzen und Zusatzstoffen vermengt und mit der heißen Fleischbrühe verdünnt.

Die Masse wird in Rinder- oder Schweinebutten oder in Schweinemägen gefüllt. Auch transparente Sterildärme, Dosen oder Gläser können gefüllt werden. Naturdärme werden nach völligem Erkalten leicht kaltgeräuchert.
Garzeit: etwa 12 Minuten je Zentimeter Durchmesser bei 80–82 °C.

Weiße Preßwurst

- Material
- 40 % mageres Rindfleisch (auch Fleisch von Geflügel, Kaninchen oder Kalb)
- 30 % Schweineschnauzen
- 15 % frische, entfettete Schwarten
- 15 % heiße Fleischbrühe
- Gewürze und Zusatzstoffe
- je kg Wurstmasse
- 20 g Nitritpökelsalz
- 3,0 g Pfeffer, weiß, gemahlen
- 0,5 g Mazis
- 1 g Kümmel
- 1 Eßlöffel Essig
- etwas Zwiebel

Das Rindfleisch wird nur angebrüht und durch die Schrotscheibe gewolft. Die Schweineschnauzen werden gegart und in 1 cm große Würfel geschnitten. Diese Masse wird heiß abgeschwenkt. Die gegarten Schwarten und die Zwiebeln werden gewolft. Die Gesamtmasse wird mit den Gewürzen und Zusatzstoffen zusammen mit der heißen Fleischbrühe gut vermengt. Die weitere Verarbeitung ist identisch mit der von Weißem Schwartenmagen.

Streichfähige Rohwurst

Streichfähige Rohwurst

Der Begriff Rohwurst sagt aus, daß lediglich rohes Fleisch- und Speckmaterial verarbeitet wird, das heißt, weder das Rohmaterial noch die fertige Wurst werden gekocht. Die Würste werden durch Reifen, Räuchern und Lufttrocknen haltbar gemacht. Zwei Rohwurstarten werden unterschieden, nämlich streichfähige Rohwurst, dazu zählen die Mett- und Teewürste und schnittfeste Rohwurst wie Salami oder Cervelatwurst. Auf die schnittfesten Rohwürste soll sehr genau eingegangen werden, da sie den größten Schwierigkeitsgrad für den Hobbywurster haben.

Die Bezeichnung streichfähige Rohwurst sagt aus, daß es sich dabei um Würste handelt, die roh und streichfähig sind. Streichfähige Rohwurst kann ohne weiteres vom Hobbywurster hergestellt werden. Die Lagerfähigkeit ist aber begrenzt.

Das Material ist gut durchgekühlt oder leicht angefroren zu wolfen. Dabei sollten die Fleisch- und Fetteile so zerkleinert werden, daß sie vom Fleischwolf gut erfaßt werden können. Vor dem Wolfen vermengt man das Rohmaterial mit Salz und den Gewürzen und Zusatzstoffen. Nach dem Wolfen wird die Masse gut durchgeknetet und eingefüllt.

Beschreibung, Behandlung und Verwendung des Rohmaterials

Bei den streichfähigen Rohwürsten sollte Fleisch von nicht zu jungen Tieren verwendet werden, weil es weniger wäßrig ist. Dies muß aber nicht von alten Muttertieren stammen, langsam gefütterte Masttiere genügen dabei völlig. Beim Fleisch gilt allgemein, daß es frei von Sehnen und Knorpeln sein muß, da diese Wurst nicht gekocht wird. Die Abschnitte müssen ferner frei von blutigen Bestandteilen sein, denn Blut ist der Nährboden für Bakterien.

Schweinefleisch

Magerfleischabschnitte: Dabei sollten Abschnitte von Schlegel, Schulter oder Hals verwendet werden. Nicht so gut geeignet sind die Eisbeine (Haxen), da sie sehr sehnenreich sind.

Speck: Hier muß unterschieden werden zwischen der Herstellung feiner und grober Mettwurst. Bei feiner Mettwurst wird weicher Speck vom Schlegel oder Rücken verwendet, bei der groben kerniger Speck von Rücken (Kammspeck) oder Schulter.

Bauch: Ein sehr guter Rohstoff für die Mettwurst sind Schweinebäuche. Der Bauch hat einen weichen Teil, den sogenannten Griff. Dieser Abschnitt ist sehr gut für feine Mettwurst geeignet, der kernige Teil für die grobe.

Fleisch von Rind, Wild, Schaf, Ziege

Von diesen Tieren sind so gut wie alle Fleischteile geeignet. Natürlich liefern Schlegel und Rücken besseres Rohmaterial als Bauch oder Brust. Wichtig ist, daß alte Ziegenböcke etwa drei Monate vor der Schlachtung kastriert werden müssen, sonst ist das Fleisch zur Weiterverarbeitung untauglich. Bei alten Schafböcken ist dies nicht ganz so schlimm, aber trotzdem ratsam. Bei Schaf und Ziege muß außerdem das Fett sehr sorgfältig entfernt werden, da es einen arttypischen Geruch hat. Bei Wild ist besonders darauf zu achten, daß der Einschuß sorgfältig entfernt wird,

Streichfähige Rohwurst

da er meist sehr blutig ist. Außerdem muß überprüft werden, daß beim Abschuß nicht der Magen-Darmtrakt verletzt wurde. Damit in Berührung gekommene Fleischteile sind auch nach Abwaschen nicht für Mettwurst geeignet. Natürlich sind bei sämtlichen Tierarten die Abschnitte von Schlegel, Schulter und Rücken die besten. Bauchabschnitte sollten unbedingt durch die 2- oder 3-mm-Scheibe gewolft werden.

Fleisch von Geflügel und Kaninchen

Abschnitte können durchaus für streichfähige Mettwurst mitverwendet werden, aber das Material sollte sehr sorgfältig ausgewählt werden. Außerdem muß die Wurst nach der Herstellung schneller verzehrt oder eingefroren werden.

Rezepte für streichfähige Rohwurst

Grobe Mettwurst

- Material
- 40 % Rindfleisch (auch Lamm-, Ziegen-, Wildfleisch)
- 60 % kerniger Schweinebauch
- Gewürze und Zusatzstoffe
- je kg Wurstmasse
- 22 g Nitritpökelsalz
- 2,5 g Pfeffer, weiß, gemahlen
- etwas Rum

Das Material wird von Sehnen und Knorpeln befreit und gut gekühlt oder angefroren mit den Gewürzen und Zusatzstoffen vermengt und durch die 6-mm-Scheibe gewolft. Anschließend wird die gut durchgeknetete Wurstmasse in Naturindärme (spezielle Mettwurstdärme) gefüllt und einen Tag zum Reifen in den Räucherschrank gehängt. Nun wird die Wurst noch einige Tage kaltgeräuchert.

Westfälische Mettwurst

- Material
- 75 % mageres Schweinefleisch
- 25 % kerniger Speck
- Gewürze und Zusatzstoffe
- je kg Wurstmasse
- 22 g Nitritpökelsalz
- 3 g Pfeffer, weiß, gemahlen
- 0,5 g Piment

Das gut von Sehnen und Knorpeln befreite Material wird gut durchgekühlt oder leicht angefroren. Nun werden die Gewürze und Zusatzstoffe zugegeben. Die Masse wird durch die 8-mm-Scheibe (Erbsenscheibe) gewolft und gut durchgeknetet. Dieses Brät wird in Naturindärme gefüllt und einen Tag in den Räucherschrank zum Reifen gehängt. Anschließend werden die Würste einige Tage kaltgeräuchert.

Zwiebelwurst

- Material
- 30 % Schweinefleisch (auch Geflügel-, jüngeres Ziegen- oder Lammfleisch)
- 70 % magerer Schweinebauch
- Gewürze und Zusatzstoffe
- je kg Wurstmasse
- 20 g Kochsalz
- 2,5 g Pfeffer, weiß, gemahlen
- 20–30 g Zwiebeln

Das Material gut gekühlt mit den Zutaten vermengen und zusammen mit den Zwiebeln durch die 4-mm-Scheibe wolfen. Die gut durchgeknetete Masse in Naturindärme (200–300 g) füllen und in einem sehr kühlen Raum oder im Kühlschrank lagern. Diese Wurst sollte innerhalb von zwei bis drei Tagen verzehrt werden. Sie eignet sich sehr gut als Brotaufstrich, zum Beispiel zum Frühstück.

Feine Mettwurst

- Material
- weicher Schweinebauch
- Gewürze und Zusatzstoffe
- je kg Wurstmasse
- 22 g Nitritpökelsalz
- 2 g Pfeffer, weiß gemahlen
- 2 g Paprika, edelsüß
- 0,5 g Mazis

Streichfähige Rohwurst

Der Schweinebauch wird in Stücke geschnitten, so daß sie vom Wolf erfaßt werden können. Nun wird das Material leicht angefroren mit den Gewürzen und Zusatzstoffen vermengt und durch die 2-mm-Schcibe gewolft. Anschließend wird die Wurstmasse gut durchgeknetet in Naturindärme gefüllt und einen Tag zum Reifen in den Räucherschrank gehängt. Anschließend werden die Würste noch einen Tag kaltgeräuchert.

Teewurst

- Material
- 20 % Rindfleisch (auch Ziegen-, Lamm- oder Wildfleisch)
- 10 % mageres Schweinefleisch (auch Geflügel- oder Kaninchenfleisch)
- 70 % weicher Schweinebauch
- Gewürze und Zusatzstoffe
- je kg Wurstmasse
- 22 g Nitritpökelsalz
- 2 g Pfeffer, weiß, gemahlen
- 2 g Paprika, edelsüß
- etwas Rum

Die Herstellung ist identisch mit der von Feiner Mettwurst.

Schnittfeste Rohwurst

Schnittfeste Rohwurst

Schnittfeste Rohwurst ist wohl das heikelste und schwierigste Kapitel im gesamten Bereich der Wurstmacherei. Dies gilt nicht nur für den Hobbywurster, sondern auch für den Metzger. Viele Metzgereien stellen schon seit vielen Jahren die schnittfeste Rohwurst nicht mehr selbst her, sondern beziehen sie von Wurstfabriken. Dies hängt zum einen damit zusammen, daß die Herstellung der schnittfesten Rohwurst mit enormem Arbeitsaufwand verbunden ist. Zum anderen ist der Risikofaktor sehr groß, daß die Wurst durch irgendwelche Fehler nicht haltbar ist und verdirbt.

Der Leser wird sich nun fragen, ob er überhaupt eine Chance hat, daß diese Arbeit gelingt und das beantwortet der Autor mit ja. Wer beim Wursten allgemein noch keine Erfahrung hat, sollte zwar auf keinen Fall mit der Salami beginnen. Wer jedoch einmal so weit ist, daß er sich an eine schnittfeste Rohwurst wagen kann, sollte mehr denn sonst irgendwo mit größter Sorgfalt arbeiten und am Anfang nur sehr kleine Mengen herstellen.

Es sollte hier im Text nicht als langweilig empfunden werden, wenn manche Dinge besonders genau beschrieben, manche nochmals wiederholt werden, die an anderer Stelle schon gesagt wurden. Aus eigener Erfahrung kann der Autor berichten, daß es sehr lange dauerte, bis sich erste Erfolge bei der schnittfesten Rohwurstherstellung zeigten. Unterhaltungen mit alten Hausmetzgern halfen ein großes Stück weiter. Die Methoden der professionellen Metzger können bei Hobbywurstern kaum angewandt werden, da die Maschinen und Anlagen viel zu teuer wären. Umgekehrt kann der professionelle Metzger kaum noch nach den alten Verfahren schnittfeste Rohwurst herstellen, da dieses System zu umständlich und damit zu unrentabel wäre.

Es ist an dieser Stelle außerdem ein Anliegen, detailliert auf dieses Thema einzugehen, da die Salamiherstellung in vielen Fachbüchern so beschrieben wird, als mache man eine Bratwurst. Da ist ein Mißerfolg vorprogrammiert.

Die schnittfeste Rohwurst ist eine Dauerware, wenn sie richtig hergestellt wurde. Je länger diese Würste hängen, um so größer ist der Gewichtsverlust und um so härter werden sie. Früher nannte man die Salami deshalb auch Hartwurst.

Beschreibung, Behandlung und Verwendung des Rohmaterials

Bei keiner anderen Wurstsorte muß bei der Materialauswahl so sorgfältig gearbeitet werden wie bei der Rohwurst. Die Rohstoffauswahl ist die Grundvoraussetzung, damit die Rohwurst überhaupt gelingen kann. Nimmt man für eine grobe Bratwurst das Fleisch von einer Muttersau, so bekommt die Wurst zwar eine trockene Beschaffenheit, ist aber trotzdem gut. Verwendet man aber bei Salami das Fleisch von jungen Mastschweinen, wird die Wurst höchstwahrscheinlich verderben, da dieses Fleisch zu wäßrig ist.

Schweinefleisch

Magerfleischabschnitte: Besonders geeignet sind hierbei Fleischabschnitte von Schlegel, Schulter und Hals. Sehr wichtig ist dabei, daß das Fleisch von langsam gemästeten Mastschweinen von etwa 130–150 kg Lebendgewicht stammt. Noch besser ist Fleisch von Muttersauen oder kastrierten Ebern (Altebern). Wie bereits erwähnt, darf kein wäßriges Fleisch von jungen Tieren verwendet werden.

Schnittfeste Rohwurst

Speck: Nur kerniger Speck von Rücken (Kammspeck) und Schulter darf verwendet werden. Auch er sollte von älteren Tieren stammen.

Bauch: Der kernige Teil des Schweinebauches älterer Tiere ist ein guter Rohstoff für schnittfeste Rohwurst.

Fleisch von Rind, Wild, Schaf und Ziege

Hier gilt das gleiche wie bei grober Mettwurst. Auch hier sollte nur Fleisch langsam gemästeter oder älterer Tiere wie Kühe, Böcke, usw. verwendet werden. Bei Wild darf auf keinen Fall Fleisch von „verschossenen" Tieren verwendet werden, da das Fleisch meist zu blutig oder von Gedärmen verunreinigt ist.

Fleisch von Geflügel und Kaninchen

Diese Fleischarten sind für schnittfeste Rohwurst weniger geeignet. Sicher kann aber ein älteres Kaninchen (Muttertier) verwendet werden.

Vorbereitungen für die Wurstherstellung

Das Fleisch sollte nach dem Schlachten zwei bis drei Tage gut kühl gelagert werden, da nach diesem Zeitraum der Säuregehalt (pH-Wert) ideal ist. Das Fleisch muß also nach der Schlachtung möglichst rasch heruntergekühlt werden, damit sich die Bakterien nicht zu stark vermehren können. Das ist eine wichtige Voraussetzung für die spätere Reifung der Wurst.

Angefrorenes Fleisch auf einem Backblech

Schnittfeste Rohwurst

Hier darf die Temperatur nicht mehr als 5 °C betragen. Die Verarbeitung sollte außerdem immer in einem kühlen Raum stattfinden, damit das Material nicht unnötig erwärmt wird. Es ist bereits beim Einkauf des Rohmaterials wichtig, daß alle diese Voraussetzungen erfüllt werden. Vor allem sollte das Material für die Rohwurst rechtzeitig vorbestellt werden, da die benötigten älteren Tiere in manchen Betrieben nicht wöchentlich geschlachtet werden. Dabei ist dann auch die Lagerzeit zu beachten, die das Material bereits beim Lieferanten hinter sich hat. Beim Transport ist darauf zu achten, daß das Material nicht zu sehr erwärmt wird. Bei Bedarf nimmt man eine Kühltasche mit. Aus den genannten Gründen sollte der Hobbywurster schnittfeste Rohwurst möglichst nur in den Wintermonaten herstellen.

Eine wichtige Voraussetzung ist, besonders bei der schnittfesten Rohwurst, daß die Werkzeuge in einem einwandfreien Zustand sind. Das gilt vor allem im Hinblick auf die Hygiene. Außerdem sollten sämtliche Werkzeuge (Messer, Schneidesatz beim Fleischwolf) frisch geschliffen sein, damit ein sauberer Schnitt erfolgen kann, der nicht schmiert.

Das Material wird rechtzeitig vor der Wurstherstellung sauber von blutigen Bestandteilen, Sehnen, Haut und Schwarten geputzt und in kleine Streifen geschnitten, so daß sie hinterher vom Wolf mühelos erfaßt werden können. Bei der Rohwurstherstellung ist darauf zu achten, daß die Temperatur der Wurstmasse nicht über + 2 °C ansteigt. Dies ist nur möglich, wenn die vorbereiteten Fleisch- und Speckstreifen angefroren werden. Dazu verwendet man am besten ein Backblech, legt die Streifen darauf aus und stellt das Blech in die Gefriertruhe. Sind die Streifen angefroren, sollte man sie, falls sie zusammengeklebt sind, vereinzeln und weiter anfrieren. Am besten, man gefriert das Material etwa einen Tag an. Dann wird das Material 3–4 Stunden vor der Wurstherstellung in einen kühlen Raum zum Antauen gestellt. Das kann auch im Kühlschrank geschehen.

Da, wie gesagt, die Materialbeschaffung bei der Hartwurstherstellung besonders mit dem Lieferanten abgeklärt werden muß, kann es durchaus vorkommen, daß der Liefertermin nicht mit dem vorgesehenen Termin zur Wurstherstellung vereinbar ist. In diesem Fall kann das Material ohne weiteres wie oben beschrieben, vorbereitet und bis zu drei Wochen in der Gefriertruhe belassen werden. So ist es möglich, zur Wurstherstellung auch einen kalten, trockenen Tag auszuwählen, was den Wursttag wesentlich erleichtert. Man kann, wie man so schön sagt, das Wetter arbeiten lassen.

Ohne Anfrieren ist es schwierig, Rohwurst herzustellen. Wird das Material zu kalt verarbeitet, ist die Wurstmasse hinterher zum Kneten zu kalt und die Masse bindet nicht. Ist, umgekehrt, die Wurstmasse zu warm, so schmiert sie. Deshalb sollte unbedingt das Fleischthermometer verwendet und in den Wurstteig gesteckt werden. So erhält man einen genauen Anhaltspunkt: Ist das Brät zu kalt, breitet man es auf dem Backblech aus und stellt es in einen Raum mit Zimmertemperatur. Ist das Brät zu warm, stellt man es für einige Zeit in die Gefriertruhe.

Herstellung der Wurstmasse

Die Wurstmasse wird mit dem Fleischwolf hergestellt. Das Material wird angefroren gewolft, damit es nicht schmiert. Vor dem Wolfen werden die Fleisch- und Fettstreifen

Schnittfeste Rohwurst

Mit dem Fleischthermometer wird die Temperatur gemessen.

in einer genügend großen Schüssel mit den Gewürzen und Zusatzstoffen mit Ausnahme des Salzes gut vermengt. Die große Schüssel ist deshalb erforderlich, weil die angefrorenen Streifen relativ sperrig sind. Das Material sollte solange gemengt werden, bis die Gewürze und Zusatzstoffe restlos am Fleischmaterial kleben. Nun wird zügig gewolft. Dabei ist es sehr wichtig, daß man ununterbrochen Material in den Wolf gibt, damit er nicht leer läuft, denn sonst schmiert der Schneidsatz und läuft warm. Die Wurstmasse sollte nun im Temperaturbereich von −2 bis 0 °C liegen. Sollte das nicht der Fall sein, muß das Material, wie beschrieben, erwärmt oder gekühlt werden.

Stimmt die Temperatur, wird der Teig kräftig geknetet. Die Masse ist sehr kalt, wird mit den Händen geknetet, ist das für die Hände unangenehm. Deshalb ist es ratsam, saubere Gummihandschuhe anzuziehen, zumal sich die Masse durch die warmen Hände ziemlich schnell erwärmt, bei Verwendung von Handschuhen wird die Wärme nicht so schnell übertragen. Besser ist es, eine Küchenmaschine mit Knethaken oder Rührwerk zu benutzen. Dadurch ist ein besseres Mengen gewährleistet. Der Teig muß solange durchgearbeitet („geschafft") werden, bis er gut bindet. Die Endtemperatur sollte dann bei 0 bis + 2 °C liegen. Das Salz wird nach dem ersten Viertel des Knetens zugegeben. Es muß gewährleistet sein, daß es sich gleichmäßig in der Wurstmasse verteilt. Außerdem kann beim Mengen mit der Maschine gut beobachtet werden, wenn die Masse Klumpen wirft und bindig wird. Das ist der Zustand, der erforderlich ist, damit die Wurst hinterher beim Anschnitt nicht zerfällt.

Zum Füllen sollte ein Handwurstfüller zur Verfügung stehen. Zwar kann auch mit dem Zusatzgerät am Fleischwolf gefüllt werden, aber mit dem Elektrowolf wird die Struktur des Brätes leicht geschädigt und die Wurstmasse wird unnötig erwärmt. Mit dem Handwolf kann langsam gedreht und die Wurstmasse gut nachgestopft werden.

Als Wursthüllen sollten für Rohwurst durchsichtige Naturindärme benutzt werden, um den Umröteprozeß der Wurst beobachten zu können. Damit ist auch festzustellen, ob nach dem Füllen noch einzelne Fleisch- und Speckteilchen zu erkennen sind oder ob die Masse „ein Geschmier" ist. Das wäre schlecht für die Haltbarkeit. Die Därme müssen eine gute Schrumpffähigkeit besitzen. Die Rohwurst verliert beim Reifen und Lagern enorm an Gewicht, das heißt, die Würste schrumpfen. Dabei ist es sehr wichtig, daß die Därme mitschrumpfen und sich nicht von der Wurstmasse lösen. Im Handel gibt es auch spezielle Därme für schnittfeste Rohwurst. Diese fassen sich nach dem Wässern eher gummimäßig an. Sie besitzen eine gute Schrumpffähigkeit.

Rühren von Rohwurstmasse: Oben rechts im Anfangszustand, Unten rechts ist eine leichte Bindung erreicht und eine gute Bindung, d.h. Klumpenbildung, zeigt das mittlere Bild.

Bei keiner anderen Wurstmasse ist es so wichtig, luftfrei zu füllen wie bei Salami, da sich bei den Luftlöchern hinterher graugrüne Stellen bilden, die zum Verderb der Wurst führen. Die Luftblasen können zwar durch Stupfen mit einer Nadel entfernt werden, aber dadurch kommt dann leicht Luft zwischen Wursthülle und Wurstmasse und der Darm kann sich von der Wurst lösen.

Reifen der schnittfesten Rohwurst

Dieser Bereich ist der wichtigste und gleichzeitig komplizierteste Abschnitt bei der Herstellung schnittfester Rohwürste und ihm ist größte Aufmerksamkeit zu schenken, um erfolgreich zu sein. Die Würste können nicht oft genug beobachtet werden.

Schnittfeste Rohwurst

Warum müssen die Würste reifen und was ist an diesem Reifeprozeß so kompliziert? Bei der Reifung erfolgt zum einen die Umrötung. Wird die Wurstmasse in die Wursthüllen gefüllt, hat sie eine bräunlichgraue Farbe. Während des Reifeprozesses wird durch die Zugabe von Nitritpökelsalz oder Salpeter die Wurst ansehnlich rot. Dies geschieht durch den Abbau des Salpeters in Nitrit und dann in Stickoxid.

Beim Reifeprozeß wird die Wurst durch die Zugabe von Zucker haltbar gemacht. Der Zucker bewirkt die pH-Wert-Senkung in der Wurst und somit die Haltbarkeit. Ohne Zugabe von Zucker ist eine pH-Wert-Senkung sehr kritisch. Umgekehrt, wird zuviel Zucker zugegeben, ist die Säurebildung zu hoch. Dadurch kann es passieren, daß die Wurst sauer wird. Bei Traubenzucker ist die Gefahr der Übersäuerung noch größer. Er wird schneller abgebaut als normaler Zucker, und es tritt ebenfalls eine Übersäuerung ein. Außerdem tritt während des Reifeprozesses eine Geschmacksveränderung ein. Schmeckt man die Wurstmasse vor dem Füllen ab, so ähnelt sie einer Bratwurstmasse. Erst nach der Reifung bekommt die Wurst den typischen „Hartwurstgeschmack". Die bei der Reifung erforderlichen Milchsäurebakterien bewirken diese Geschmacksveränderung. Diese Bakterien sind zum Beispiel auch wichtig bei der Konservierung von Sauerkraut.

Zum Reifen der Rohwurst ist das Klima eine wichtige Voraussetzung. Beim Klima ist auf die Temperatur, die Luftfeuchtigkeit und die Luftumwälzung zu achten. Um das Klima messen zu können, benötigt man ein gut funktionierendes Thermometer zum Messen der Temperatur und ein Hygrometer zum Messen der Luftfeuchtigkeit. Ohne diese Instrumente hat man keinen Anhaltspunkt. Die Luftumwälzung kann nicht gemessen werden. Sie sollte nur sehr gering sein. Die Reifetemperatur sollte etwa 18–22 °C betragen und die Luftfeuchtigkeit bei 75–90 % liegen, wobei die höheren Werte für den Beginn der Reifung und die niedrigeren für das Ende der Reifung gelten.

Diese, zumal nach den besonders niedrigen Temperaturen bei der Wurstmassebereitung vergleichsweise hohen Temperaturen, werden benötigt, um zum einen die Umrötung in Gang zu setzen, zum anderen werden in diesem Bereich die gewünschten Bakterien am besten gefördert und unerwünschte unterbunden. Ist die Temperatur zu niedrig, geht dieser Prozeß langsamer vor sich. Es kann sich außerdem ein soge-

Würste in unterschiedlich gereiftem Zustand: nach dem Füllen, halb- und fertiggereift.

Schnittfeste Rohwurst

Cervelatwurst, rechts richtig, links falsch gereift und verdorben

nannter Kälterand, ein grauer Rand bilden. Bei zu hoher Temperatur schmilzt das Fett und verschließt die Poren an der Wursthülle. Die Wurst wird dadurch ranzig. Zum anderen vermehren sich unerwünschte Bakterien stärker.

Die hohe Luftfeuchtigkeit wird benötigt, damit die Wurst nicht zu schnell trocknet. Das hört sich zunächst seltsam an, wenn ständig davon die Rede ist, daß die Wurst trocknen soll. Sie soll trocknen, aber nicht schnell. Die Wurstmasse hat anfangs einen hohen Wassergehalt. Um die Wurst haltbar zu bekommen, muß dieser Wassergehalt stark reduziert werden, und zwar langsam. Ist der Unterschied zwischen der Luftfeuchtigkeit im Raum und dem Wassergehalt in der Wurst zu groß, ist zu Beginn der Reifung die Luft zu trocken, trocknet die Randzone der Wurst aus, das Innere hat aber noch einen hohen Wassergehalt, der durch die trockene Randzone nicht mehr austreten kann, und das Innere der Wurst hat keine Möglichkeit mehr, zu trocknen. Der sogenannte Trockenrand ist bei der Rohwurst das gefürchtetste, was es überhaupt geben kann, da dadurch die Wurst verdirbt. Das Innere wird graugrün und rissig, die Wurst wird ungenießbar.

Die Luftfeuchtigkeit muß deshalb langsam gesenkt werden, damit die Wurst „atmen" kann. So bezeichnet man den stetigen Feuchtigkeitsaustritt aus der Wurst.

Ist die Wurst ausgereift und wird nun gelagert, sollte man auch dann noch auf die Klimawerte achten, denn die Wurst kann immer noch verderben. Das Lagerklima sollte etwa 15 °C und 65–70 % relative Luftfeuchtigkeit betragen. Bei zu hoher Luftfeuchtigkeit beschlägt die Wurst stark und trocknet gleichzeitig zu langsam aus. Dies führt zu Schimmelbildung und die Wurst wird muffig.

Die Wurst muß zur Reifung und Lagerung außerdem in einem dunklen Raum aufgehängt werden, da sie durch Lichteinfall (Ultraviolett) ranzig wird. Die Luftumwälzung sollte so groß sein, daß die aus der Wurst austretende Feuchtigkeit weggeführt wird. Bei zu starker Luftumwälzung trocknet die Randzone wieder zu stark aus, und es entsteht der beschriebene Trockenrand.

Es wurde gesagt, daß der Reifeprozeß der Wurst in einem Klima von etwa 22 °C und 90 % relativer Luftfeuchtigkeit beginnen soll. Dies ist auch richtig, nur soll die Wurst nicht gleich nach dem Füllen in dieses Klima kommen. Die Wurstmasse hat beim Füllen eine Temperatur von etwa +2 °C. Kommt die Wurst in den oben beschriebenen Raum, würde sich durch den großen Temperaturunterschied Schwitzwasser bilden und die Darmhülle würde stark beschlagen. Das sollte nicht passieren, deshalb muß das Klima erst innerhalb einiger Stunden angepaßt werden.

Auf das Klima und die Reifung muß ein umso größeres Augenmerk gelegt werden, je größer der Durchmesser der Würste ist. Es wird wohl jedem einleuchten, daß eine dünnere Wurst schneller trocknet als eine

Wurst mit größerem Durchmesser. Im Klartext heißt das, daß der Anfänger zu Beginn dünnere Würste herstellen sollte, da bei diesen das Risiko des Verderbs bei weitem nicht so groß ist. Außerdem sollten immer Würste mit gleichem Durchmesser gleichzeitig reifen, da sonst der Reifeprozeß unterschiedlich lange dauert.

Schnellreifeverfahren

Dieses Reifeverfahren ist für die Herstellung schnittfester Rohwurst relativ sicher und somit vor allem für Anfänger zu empfehlen. Am Rande erwähnt, hat bei Fleischereien, sofern sie überhaupt noch selbst Salami herstellen, nur noch dieses System Bedeutung. Zum einen ist die Rohwurstherstellung in gut einer Woche abgeschlossen und zum anderen hat man nur sehr selten Fehlfabrikate. Genau aus diesem Grund sollten Anfänger dieses System anwenden.

Die Schnellreifung funktioniert nur, wenn man die im Fachhandel erhältlichen Fertigmischungen für schnittfeste Rohwurst einsetzt. Diese enthalten bereits die Mittel wie GdL, die zur Umrötung und sichern und schnellen Reifung benötigt werden. Das heißt, man muß nach Anleitung des Herstellers arbeiten. In der Regel gibt man die vorgeschriebene Menge der Fertigmischung und zusätzlich Nitritpökelsalz zu. Es dürfen keine weiteren Hilfsstoffe wie Zucker zugegeben werden, wohl aber Gewürze wie geschroteter Pfeffer oder Alkohol (Kirschwasser oder Rum).

Durch die Zugabe der Fertigmischung ist die Wurst in der Regel schon nach einem Tag gereift. Dann wird die Wurst 1–2 Tage langsam geräuchert. Im Prinzip ist die Wurst dann fertig, aber noch nicht schnittfest. Das dauert weitere 8–10 Tage. Die Wurst wird dazu bei etwa 15 °C und 70 % relativer Luftfeuchtigkeit gelagert. Bei diesem Verfahren ist dem Hobbywurster ein Erfolg sicher.

Naturreifeverfahren

Bei diesem Reifeverfahren wird, wie der Ausdruck besagt, natürlich gearbeitet. Wer mit dem Schnellreifeverfahren positive Erfahrungen gemacht hat, kann sich auch an das Naturreifeverfahren wagen. Das Naturreifeverfahren wendeten bis vor Jahren die alten Hausmetzger an, die damit eine vorzügliche Hartwurst herstellten, die über Monate hinweg haltbar und vor allem im Geschmack hervorragend war.

Bei diesem Verfahren wird kein Reifemittel zugegeben. Man arbeitet lediglich mit Nitritpökelsalz, Zucker und Gewürzen (bei eventueller Verwendung von Kochsalz zusätzlich mit Salpeter). Die beim Schnellreifeverfahren verwendeten Fertigmischungen enthalten eine Menge Zusatzstoffe, die natürlich alle einen Nebengeschmack mitbringen. Das heißt, da beim Naturreifeverfahren keine solchen Mittel eingesetzt werden, hat diese Wurst einen sehr reinen Geschmack. Auf Nitritpökelsalz oder Salpeter kann auch beim Naturreifeverfahren aus Haltbarkeitsgründen nicht verzichtet werden. Ansonsten wird die Wurst ohne Chemie hergestellt. In der Metzgerei oder im Handel gibt es heute so gut wie keine Salami mehr, die im Naturreifeverfahren hergestellt ist.

Das Naturreifeverfahren sollte nur in den kalten Wintermonaten angewandt werden, da im Sommer das Risiko des Verderbs erhöht ist. Die wichtigste Voraussetzung ist der Reiferaum. In alten Bauernhäusern war das früher kein Problem. Es standen Gewölbekeller zur Verfügung, die über ein relativ konstantes Klima verfügten. Der Boden war nicht

Schnittfeste Rohwurst

befestigt, sondern bestand aus naturbelassenem Lehm. Damit war die Luftfeuchtigkeit ziemlich hoch und die Temperatur niedrig. Bei der Naturreifung sollte die Temperatur bei etwa 12–16 °C und die relative Luftfeuchtigkeit um 80 % liegen. Ist die Luft zu trocken, kann der Boden mit der Gießkanne gewässert werden. Bei niedrigerer Temperatur geht der Reifeprozeß langsamer vor sich. Bei Temperaturen unter 10 °C ist der Reifeprozeß ebenso kritisch zu betrachten wie bei zu hoher Temperatur.

Heute wird beim Hausbau wieder mehr auf gute Keller geachtet, denn diese Keller sind nicht nur für die Hartwurstreifung gut, sondern auch für die Lagerung von Obst und Gemüse. Beim Bau muß darauf geachtet werden, daß solche Räume möglichst in Bereichen errichtet werden, die keinerlei Verbindung zu Heizräumen, aber direkte Verbindung zum Erdreich haben. Zentralheizungen erzeugen eine sehr trockene Luft, die nicht nur bei der Salamiherstellung nicht erwünscht ist. Ein naturbelassener Boden ist in einem solchen Keller ideal. Damit kein Schmutz in die anderen Kellerräume geschleppt wird, kann der Boden mit Ziegelsteinen ausgelegt werden. Die Ziegel leiten und halten Feuchtigkeit sehr gut.

Das Naturreifeverahren ist ein sehr langwieriger Prozeß. Je kälter die Luft und je größer der Durchmesser der Würste, desto länger dauert der Reifeprozeß. Bei Würsten mit 5 cm Durchmesser kann es durchaus vier Wochen dauern, bis die Würste völlig umgerötet sind. Ist es schon beim Schnellreifeverfahren wichtig, prüfen zu können, welches Aussehen die Würste nach 1–2 Tagen hatten, ist es hier umso wichtiger, durchsichtige, farbneutrale Wursthüllen zu verwenden. Nur so kann der Reifeprozeß genau verfolgt werden.

Beim Reifen muß ebenfalls auf leichte Luftbewegung geachtet werden.

Nach einigen Tagen ist zu bemerken, daß die Würste trotz idealer Klimaverhältnisse außen weiß anlaufen. Keine Angst, die Wurst ist nicht verdorben. Der Schimmelbelag ist wichtig und ein Zeichen, daß der Reifeprozeß richtig eingesetzt hat. Man wäscht die Würste mit lauwarmem Salzwasser ab. Das kann alle paar Tage notwendig sein, im Extremfall jeden Tag. Erst wenn die Würste nicht mehr schimmeln, ist die Reifung abgeschlossen.

Während des Reifeprozesses verliert die Rohwurst stark an Gewicht. Zu Beginn ist der Gewichtsverlust größer, gegen Ende der Reifung verlangsamt er sich. Um den Reifevorgang kontrollieren zu können, sollte die Wurst täglich gewogen werden. Es genügt natürlich, eine Wurststange zu kennzeichnen, man muß nicht sämtliche Würste einer Fertigung wiegen. Das Abwiegen sollte mit der Gewürzwaage erfolgen, die grammgenau funktioniert. Die Werte sollte man genau notieren. Das gilt nicht nur für das Naturreife-, sondern auch für das Schnellreifverfahren. So wird man auch schnell bemerken, daß bei niedrigen Temperaturen der Gewichtsverlust geringer ist als bei höheren. Auch so kann das Ende des Reifeprozesses verfolgt werden. Aber auch bei der Lagerung verliert die Wurst noch an Gewicht.

Während des Reifevorgangs beim Naturreifeverfahren liegt der Gewichtsverlust bei etwa 30–40 %, wobei es auch auf das verwendete Rohmaterial ankommt. Bei höheren Temperaturen (18–20 °C) kann es vorkommen, daß die Wurst in der ersten Woche einen Gewichtsverlust von 15–20 % hat. Beim Schnellreifeverfahren erfolgt der größte Gewichtsverlust während des Lagerns, da der Reifeprozeß nur ein bis zwei Tage dauert.

Schnittfeste Rohwurst

Klimareifeverfahren

Nach der Schilderung der Bedingungen, die für das Naturreifeverfahren erforderlich sind, mag es mancher Leser mit der Angst zu tun bekommen, denn wer hat heute noch solche Räume. Auch bei der Schnellreifung braucht man ein entsprechendes Klima, nur ist die Schnellreifung nicht so empfindlich und geht viel zügiger voran. Wie kann man sich aber helfen, wenn man schnittfeste Rohwurst herstellen möchte, man aber über keinen passenden Raum verfügt? Dazu gibt es die Möglichkeit, die Wurst in einem künstlich erzeugten Klima zu reifen. Der Experte arbeitet dann mit einer sogenannten Klimaanlage oder Klimakammer. Diese Anlagen arbeiten sehr gut, sind für den Hobbywurster aber viel zu teuer und somit nicht lohnend.

Für den Hobbywurster besteht aber die Möglichkeit, dieses Klima im Räucherschrank künstlich zu erzeugen. Der Schrank muß aber trotzdem in einem Raum stehen, der nicht wärmer als etwa 12 °C ist, sonst wird es nie möglich sein, ein Klima mit niedrigerer Temperatur herzustellen. Der Räucherschrank bleibt dabei mit dem Rauchrohr am Kamin angeschlossen. Die Abluftklappe am Rauchrohr wird fast geschlossen. Sollte eine solche Klappe nicht vorhanden sein, so stopft man die Öffnung von innen mit einem Lappen ziemlich dicht zu. Die Abluftklappen am Rauchkasten werden ebenfalls fast geschlossen. Durch den Anschluß des Räucherschranks an den Kamin besteht noch genügend Zug für die erforderliche Luftumwälzung.

Nun muß die richtige Temperatur erzeugt werden. Dazu legt man einen elektrischen Frostwächter in den Rauchkasten und stellt ihn auf die höchste Stufe ein. Der Frostwächter hat den Vorteil, daß er beim Heizen nicht bläst, sondern nur glüht. Dadurch wird keine unerwünschte Zugluft erzeugt. Die Temperaturregelung wird auf diese Weise über einen Thermostat gesteuert, der im Räucherschrank hängt. Dem Stromkreis des Frostwächters

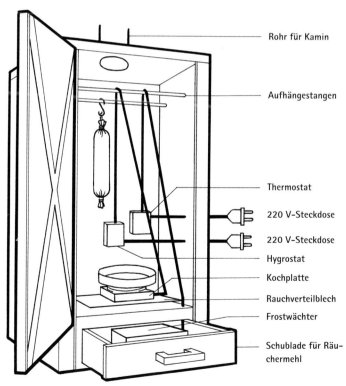

- Rohr für Kamin
- Aufhängestangen
- Thermostat
- 220 V-Steckdose
- 220 V-Steckdose
- Hygrostat
- Kochplatte
- Rauchverteilblech
- Frostwächter
- Schublade für Räuchermehl

wird bis zur Steckdose ein Fühler zwischengeschaltet, der den Frostwächter an- bzw. abschaltet. An diesem Thermostat kann die Temperatur eingestellt werden.

Die Luftfeuchtigkeit wird durch einen Hygrostat gesteuert, der wie oben beim Thermometer beschrieben, zwischengeschaltet wird. Zur Erhöhung der Luftfeuchtigkeit benötigt man Wasser. Dazu stellt man auf den Rauchverteiler (dies ist der Zwischenboden im Räucherschrank) ein breites Gefäß von 8–10 cm Höhe. Das Gefäß wird mit Wasser gefüllt. In das Wasser hängt man einen Tauchsieder. Man kann das Wassergefäß auch auf eine Kochplatte stellen. Der Tauchsieder oder die Kochplatte werden mit dem Hygrostat, der im Räucherschrank hängt, zwischengeschaltet. Sinkt nun die Luftfeuchtigkeit zu weit ab, schaltet sich der Tauchsieder oder die Heizplatte an. Dann wird das Wasser solange erwärmt, bis die gewünschte Luftfeuchtigkeit erreicht ist, die ebenfalls am Hygrostat eingestellt werden kann. Es ist wichtig, daß sämtliche Würste über dem Wassergefäß hängen, denn daneben ist die Luftfeuchtigkeit geringer, was sich negativ auf die Würste auswirken würde.

Mit den Kabeln und Elektrogeräten muß natürlich streng auf Sicherheit geachtet werden, daß zum Beispiel kein Kabel mit dem Frostwächter in Berührung kommt und durchschmilzt. Oder daß Stromanschlüsse oder Elektrogeräte nicht mit Wasser in Verbindung geraten. Das Kabel zur Steckdose kann in der Regel durch die Abluftklappe gelegt werden. In der Klimakammer werden nun ein Thermometer und ein Hygrometer über das Wassergefäß gehängt, um jederzeit die Werte ablesen zu können. Außerdem muß laufend geprüft werden, ob genügend Wasser im Gefäß ist. Andernfalls würde die Luft extrem warm und trocken, was die Wurst zum Verderb bringen würde.

Ist die Reifekammer vorbereitet, sollte man sie, bevor Wurst hergestellt wird, ausprobieren, indem die Werte ermittelt werden, die man nachher benötigt. Sie sollten sorgfältig notiert werden. Stellt man zum Beispiel 19 °C und 85 % Luftfeuchtigkeit ein, werden Thermometer und Hygrometer möglicherweise 20 °C und 80 % Luftfeuchtigkeit anzeigen, trägt man diese Werte in eine Tabelle ein, so weiß man in Kürze genau, wie das Gerät einzustellen ist, um die gewünschten Werte zu erzielen. Es kann durchaus eine Woche dauern, bis man die Reifekammer im Griff hat. Dabei muß noch erwähnt werden, daß es normal ist, wenn bei der Temperatur Schwankungen von etwa 2 °C und bei der Luftfeuchtigkeit von 5–10 % vorkommen. Das rührt daher, daß das System doch relativ träge ist. Ist zum Beispiel bei der Luftfeuchtigkeit der Wert von 80 % am Thermostat erreicht, schaltet er die Heizquelle ab. Die Kochplatte und das Gefäß sind aber noch heiß und erwärmen zunächst weiter das Wasser, so daß die Wassertemperatur zunächst noch steigt. Das gleiche tritt ein, wenn die Luftfeuchtigkeit zu weit absinkt. Schaltet der Thermostat die Heizquelle an, bis sich die Kochplatte und das Wassergefäß erwärmen und somit die Wassertemperatur ansteigt, sinkt zunächst die Luftfeuchtigkeit noch weiter ab. Außerdem haben der Thermostat und der Hygrostat eine zulässige Toleranz. Je höher die Werte gefahren werden, desto größer ist die Ungenauigkeit, vor allem bei der Luftfeuchtigkeit. Das läßt sich nicht ändern. Im Bereich von 70–80 % Luftfeuchtigkeit sind die Werte annehmbar. Aber ein Trost: auch beim Naturreifeverfahren schwanken die Werte mindestens ebenso. Dies ist noch kein Grund, daß die Wurst verdirbt, achtet man darauf, daß die Temperatur auf keinen Fall über 24 °C und die Luftfeuchtigkeit anfangs nicht unter 80 % fällt.

Schnittfeste Rohwurst

Räuchern der schnittfesten Rohwurst

Das Thema Räuchern wurde bereits ziemlich ausführlich beschrieben. An dieser Stelle ist es jedoch wichtig, noch ein paar Dinge zu erwähnen. Das Räuchern der schnittfesten Rohwurst ist nicht nur heikel, sondern auch schwierig. Beim Räuchern nimmt manche gut gereifte Wurst noch Schaden.

Die Wurst wird erst kaltgeräuchert, wenn der Reifeprozeß abgeschlossen ist. Beim Räuchern gilt es, die gleichen Klimabedingungen wie beim Reifen einzuhalten. Hierbei ist es schwierig, die niedrigen Temperatur- und die hohen Luftfeuchtigkeitswerte zu erreichen. Während des Räucherprozesses müssen die Elektrogeräte und Kabel aus Sicherheitsgründen unbedingt entfernt werden. Auch das Thermometer und das Hygrometer sollten beim Räuchern nicht im Schrank hängen, da sie sich dadurch verfärben. Das Hygrometer kann durch den Rauch außerdem beschädigt werden. Trotzdem müssen die Werte unbedingt immer wieder gemessen werden. Aus diesem Grund empfiehlt es sich, den Zeitpunkt des Räucherns so zu legen, daß man anwesend ist, um gegebenenfalls eingreifen zu können.

Während des Räucherns sollte auf das Rauchverteilblech ein flaches Gefäß mit Wasser gestellt werden. So erreicht man eine akzeptable Luftfeuchtigkeit. Sollte das trotzdem noch nicht ausreichen, besteht die Möglichkeit, in den Räucherschrank zwischen die Würste jeweils auf einen Räucherstock einen nassen Sack zu hängen. Dadurch wird die Luftfeuchtigkeit weiter erhöht. Durch das flache Wassergefäß kann außerdem die Hitze nicht so direkt aufsteigen.

Als Räuchermehl muß feines, gut getrocknetes Hartholzsägemehl verwendet werden, das höchstens 5 cm hoch geschüttet und gleichmäßig verteilt wird. Es wird mit einem Wasserschlauch, der mit einer Düse versehen ist, gut eingenebelt. In dem Bereich, in dem der Rauch angezündet wird, muß das Sägemehl trocken bleiben, da es sonst schwierig ist, es zum Glimmen zu bringen. Es wird dann mit der Hand gut festgedrückt. Der Rauch darf nur mit kleinen, glühenden Kohlestücken angefeuert werden, da sonst die Temperatur bis die Kohlen erlöschen, bereits viel zu hoch ist. Sollte die Temperatur versehentlich beim Anfeuern zu hoch werden, dürfen die Würste nicht im Räucherschrank bleiben, sondern müssen herausgenommen werden. Bei zu geringer Luftfeuchtigkeit bekommt die Wurst noch den unerwünschten Trockenrand. Man spricht hier auch vom Räucherrand. Bei zu hoher Temperatur schmilzt beim Räuchern das Wurstfett und führt zum Verschließen der Poren.

Die Wurst wird solange geräuchert, bis sie eine schöne gelbe Farbe hat. Dies kann an den Wursthüllenenden festgestellt werden.

Sollten die beschriebenen Bedingungen beim Räuchern nicht erfüllbar sein, sollte man die Wurst lieber nicht oder nur ganz schwach räuchern (2–3 Stunden). Dann erhält man eine luftgetrocknete Salami. Früher wurden die Rohwürste meist nicht geräuchert. Schon kurzes Räuchern bewirkt, daß die Salami nicht mehr oder nicht mehr so stark schimmelt.

Nach dem Räucherprozeß kommt wieder die Reifevorrichtung in den Räucherschrank. Dann wird die Wurst am besten im Schrank bei etwa 15 °C und 70 % Luftfeuchtigkeit gelagert, bis sie vollends schnittfest ist.

Rezepte für schnittfeste Rohwurst

Salami (Grundrezept)

Material
35 % mageres Rindfleisch
35 % mageres Schweinefleisch
30 % kerniger Speck
Gewürze und Zusatzstoffe
je kg Wurstmasse (Naturreifeverfahren)
24 g Nitritpökelsalz
3 g Zucker
3 g Pfeffer, schwarz gemahlen
Gewürze und Zusatzstoffe
je kg Wurstmasse (Schnellreifeverfahren)
24 g Nitritpökelsalz
vorgeschriebene Menge Fertigmischung für schnittfeste Rohwurst bzw. Salami

An sämtlichen Fleischteilen werden die Sehnen gründlich entfernt, das Rindfleisch wird sauber entfettet. Die Fleisch- und Fettteile werden angefroren durch die 3- oder 4-mm-Scheibe gewolft. Die gut durchgeknetete Masse wird in Naturindärme gefüllt und aufgehängt zum Reifen. Auf Wunsch kann die Wurst nach der Reifung noch kaltgeräuchert werden. Bei Verwendung der Fertigmischung muß genau die Anleitung des Herstellers befolgt werden.

Die angegebenen Fleischteile können selbstverständlich ganz oder teilweise durch andere Fleischarten wie Schaf, Ziege oder andere ausgetauscht werden.

Bauernsalami

Material
60 % Rindfleisch
40 % kerniger Schweinebauch
Gewürze und Zusatzstoffe
je kg Wurstmasse
24 g Nitritpökelsalz
4 g Pfeffer, schwarz, gemahlen
5 g Pfeffer, schwarz, geschrotet
etwas Rum
1 Knoblauchzehe

Der Schweinebauch wird abgeschwartet. Die Knorpeln und weichen Fetteile werden entfernt. Das Material wird angefroren durch die 8-mm-Scheibe gewolft, gut durchgeknetet und in Naturindärme oder Rindermitteldärme gefüllt. Die Knoblauchzehe muß vor dem Wolfen fein gehackt werden. Die Wurst wird aufgehängt zum Reifen oder Räuchern.

Hirtensalami

Material
70 % Ziegen- oder Schaffleisch
30 % kerniger Rückenspeck
Gewürze und Zusatzstoffe
je kg Wurstmasse
24 g Nitritpökelsalz
3 g Zucker
4 g Pfeffer, schwarz, gemahlen
0,25 g Koriander
etwas Rotwein

Schnittfeste Rohwurst

Die Gesamtmasse wird in gut angefrorenem Zustand durch die 2-mm-Scheibe gewolft, gut durchgemengt und in Naturindärme gefüllt, gereift und eventuell geräuchert.

Das Lamm- oder Ziegenfleisch wird gründlich entfettet und die Sehnen werden entfernt. Dann wird das Gesamtmaterial angefroren. Das Fleisch wird durch die 3-mm- Scheibe, der Speck durch die 5-mm-Scheibe gewolft, die Masse wird gut durchgeknetet und in Naturindärme gefüllt. Anschließend werden die Würste zum Reifen aufgehängt. Sie können danach noch kaltgeräuchert werden.

Jägersalami

Diese Salami entspricht der Hirtensalami. Anstatt Schaf- oder Ziegenfleisch wird Fleisch von älterem Wild verwendet.

Zigeunersalami

- Material
- 75 % Rindfleisch
- 25 % Speck
- Gewürze und Zusatzstoffe
- je kg Wurstmasse
- 24 g Nitritpökelsalz
- 3 g Zucker
- 5 g Pfeffer, schwarz, gemahlen
- 10 g Pfeffer, schwarz, geschrotet
- 3 g Paprika, scharf
- 1 Zehe Knoblauch

Das Material wird angefroren durch die 4- oder 5-mm-Scheibe gewolft. Die Knoblauchzehe wird vorher fein gehackt. Die Wurstmasse wird in Schweinedünndärme gefüllt (50 cm lang), aufgehängt zum Reifen oder Räuchern. Die Wurst kann danach auch im heißen Wasser gebrüht und warm verzehrt werden. Zigeunersalami schmeckt vor allem im warmen Zustand sehr kräftig.

Cervelatwurst

- Material
- 30 % Rindfleisch
- 40 % Schweinefleisch
- 30 % Speck
- Gewürze und Zusatzstoffe
- je kg Wurstmasse
- 24 g Nitritpökelsalz
- 3 g Zucker
- 3 g Pfeffer, schwarz, gemahlen
- 3 g Pfeffer, schwarz, geschrotet
- etwas Cognac

Rohpolnische

- Material
- 50 % Rindfleisch
- 50 % magerer, kerniger Schweinebauch

Schnittfeste Rohwurst

Gewürze und Zusatzstoffe
je kg Wurstmasse
- 22 g Nitritpökelsalz
- 3 g Pfeffer, schwarz, gemahlen
- 3 g Pfeffer, schwarz, geschrotet
- 0,5 g Koriander
- ½ Knoblauchzehe

Das Rindfleisch wird gut gekühlt zusammen mit dem Knoblauch durch die 3-mm-Scheibe, der Schweinebauch durch die 4-mm-Scheibe gewolft. Die Masse wird gut durchgeknetet und in Schweinedünndärme gefüllt. Die Würste werden zu Paaren von etwa 70 g je Würstchen abgedreht und drei Tage zum Reifen aufgehängt. Anschließend werden sie kaltgeräuchert. Man läßt die Würstchen noch einige Tage im Räucherschrank zum Nachreifen hängen.

Die hier abgebildeten Würste wurden aus Rehfleisch hergestellt.

Landjäger

Das Rezept entspricht dem der Rohpolnischen. Statt des geschroteten Pfeffers gibt man 2 g Kümmel je kg Wurstmasse zu. Die Würste werden in weitere Schweinedünndärme gefüllt und in einer speziellen Landjägerpresse gepreßt, damit sie die typische viereckige Form bekommen. Mit etwas Geschick kann man diese Presse selbst bauen (siehe Seite 19). Sie werden dann zum Räuchern aufgehängt.

Brühwurst

Brühwurst

Diese Wurstart hat in Deutschland bei der Wurstherstellung die größte Bedeutung. Hierbei gibt es auch die größte Vielfalt.

Was versteht man unter Brühwurst? In der Fachliteratur wird Brühwurst so definiert: „Brühwürste sind durch Brühen, Backen, Braten oder auf andere Weise hitzebehandelte Wurstwaren, bei denen zerkleinertes rohes Fleisch mit Salz meist unter Zusatz von Trinkwasser (oder Eis) ganz oder teilweise aufgeschlossen wurde und deren Muskeleiweiß bei der Hitzebehandlung mehr oder weniger zusammenhängend geronnen ist." In der Fachsprache versteht man unter Brät das unter Zusatz von Trinkwasser und Salzen zerkleinerte rohe Fleisch oder die für die Brühwurstherstellung zum Abfüllen fertiggestellte Rohmasse.

Beschreibung und Verwendung des Rohmaterials

Bei der Herstellung von Brühwurst sollte Fleisch von jüngeren Tieren verwendet werden, das nicht zu langfasrig ist. Hierbei kann sehr gut Fleisch von Geflügel, Kaninchen, Kalb und jüngeren Schafen und Ziegen mitverarbeitet werden. Deshalb eignen sich diese Wurstarten besonders für Hobbywurster mit eigener Tierhaltung. Außerdem kann hier gesundheitsbewußt gewurstet werden. Bei der Brühwurstherstellung werden bei Schweinefleisch Magerfleisch und Speck exakt getrennt. Eine Ausnahme kann sein, daß Schweinebauch als Einlagen- oder Schrotfleisch dazugegeben wird.

Bei der Materialauswahl stellen Bierwurst und Krakauer eine gewisse Ausnahme dar. Hier kann das Fleisch älterer Tiere verarbeitet werden. Auf keinen Fall darf dabei das Fleisch aber wäßrig sein. Geflügel-, Kalb- und Kaninchenfleisch ist dazu nicht geeignet.

Schweinefleisch

Magerfleischabschnitte: Hier können sämtliche Abschnitte verwendet werden. Wie erwähnt, sind Abschnitte von jüngeren Schlachttieren mit einem Lebendgewicht von 90–120 kg ideal. Für die Grundmasse können Abschnitte vom Zerlegen bei der Schlachtung verwendet werden, da sie mit dem Wolf zerkleinert werden. Für Einlagefleisch sollten schöne Abschnitte von Schlegel oder Schulter verwendet werden. Am wichtigsten ist das bei Bierschinken.

Speck: Als Speck kommen sämtliche Speckabschnitte von Rücken, Schlegel und Schulter in Frage. Die besseren Partien stammen von Schulter und Nacken. Dieser Speck ist kerniger und sollte mindestens die Hälfte des Speckanteils ausmachen. Speck kann auch von älteren Schweinen stammen.

Bauch: Schweinebauch kann für die Grundmasse bei Brühwurst genommen werden. Er wird ebenso als Einlagefleisch mitverarbeitet. Der Bauch muß kernig und darf außerdem nicht zu fett sein.

Fleisch von Rind, Wild, Schaf und Ziege

Das Fleisch wird normalerweise nur für die Grundmasse der Brühwurst verwendet. Es sollte sorgfältig entfettet sein, da das Fett talgig und für den Verzehr weniger geeignet ist. Bei Schaf und Ziege ist dieser Talg außerdem mit dem typischen Geruch verbunden, der den Wurstgeschmack negativ

Wolfen von Fleisch und Speck

verändert. Für Brühwurst sollte Fleisch von jüngeren Tieren verwendet werden. Durch solche Fleischarten wird die Wurst dunkler. Das ist besonders bei Wild der Fall.

Kalbfleisch

Kalbfleisch ist für die Brühwurstherstellung sehr gut geeignet und zwar für die Grundmasse. Bei manchen Brühwürsten ist Kalbfleisch sogar typisch. Dieses Fleisch ist zwar gesund, aber sehr teuer.

Fleisch von Geflügel und Kaninchen

Fleisch jüngerer Tiere ist für die Brühwurstherstellung gut geeignet, insbesondere von Puten und Kaninchen. So kann man zum Beispiel auch Putenbierschinken herstellen. Hierfür werden schönere Stücke zu Würfel geschnitten.

Vorbereitungen für die Wurstherstellung

Je nach dem, welche Wurstsorten hergestellt werden, ist die Brühwurstherstellung mit gewissem Aufwand verbunden. Deshalb sollte nicht nur eine Sorte hergestellt werden. Zudem wird für viele Brühwurstsorten dasselbe Grundbrät verwendet.

Zunächst wird zusammengestellt, welche Fleischarten in welchen Mengen benötigt werden. Nach der Beschaffung wird das Fleisch gründlich entfettet und die Knorpel und die Sehnen werden entfernt. Das Fleisch und der Speck sollten immer gut gekühlt verarbeitet werden. Es empfiehlt sich auch hier vor dem Wolfen, das Material für eine Stunde auf einem Backblech in die Kühltruhe zu stellen. Am Vortag wird zunächst das Fleisch, das als grobe Einlage (Einlagefleisch) verwurstet wird, durch die im Rezept beschriebene Scheibe gewolft und kühlgestellt. Das

Brühwurst

Fleisch und der Speck für das Grundbrät werden leicht angefroren durch die 2-mm-Scheibe gewolft und anschließend wieder gekühlt. Dies geschieht ebenfalls am Vortag.

Für die Brühwurstherstellung muß Eisschnee beschafft werden. Der Eisschnee hat die Aufgabe, das Brät bei der Bearbeitung zu kühlen. Außerdem wird die Wurst geschmeidiger. Ohne Eisschnee ist die Brühwurst ähnlich einer Bratwurst. Er kann entweder beim Metzger gekauft oder selbst hergestellt werden. Man gefriert Wasser in einem Gefäß ein. Das Gefäß taucht man für kurze Zeit in warmes Wasser bis der Eisklotz sich herauslöst. Dann wird er grob zerkleinert. Diese Stücke können entweder mit einem Raspelgerät, wie es in der Küche üblich ist, oder mit einem Zusatzgerät der Küchenmaschine zerkleinert werden.

Herstellung der Wurstmasse

Bei der Brühwurstherstellung wird zunächst das sogenannte Grundbrät hergestellt. Bei vielen Wurstsorten ist dann die Wurstmasse schon fertig, da kein Einlagefleisch hinzukommt (Lyoner, Wiener Würstchen, Gelbwurst, Knackwurst).

Herstellung von Eisschnee mit der Küchenmaschine (Raspelgerät)

Brühwurst

Bei Wurst mit Einlagefleisch werden, mit Ausnahme von Bierschinken, sämtliche Zutaten und Gewürze dem Grundbrät zugegeben. Man wiegt also für das Einlagefleisch nicht separat ab.

Brühwurstmasse sollte mit Ausnahme von Krakauer immer mit Fertigmischung gewürzt werden, da mit den Naturgewürzen kaum die erwünschte feine Gewürznote zu erreichen ist. Man kann sich mit einem Aufschnittgewürz behelfen und für jede Wurstsorte noch mit etwas Naturgewürz nachhelfen. Es gibt im Fachhandel natürlich für jede Wurstsorte separate Mischungen. Sollte der Handel kleinere Mengen abgeben, kann man selbstverständlich unterschiedliche Mischungen einsetzen. In den folgenden Rezepten werden trotzdem die Naturgewürze angegeben, aber wie gesagt, der Geschmack ist nicht ganz zufriedenstellend.

Hier sollen zwei Methoden der Brühwurstherstellung beschrieben werden: Die Herstellung mit der Küchenmaschine; darauf sind sämtliche im Buch beschriebenen Rezepte ausgerichtet. Zusätzlich wird die Herstellung mit dem Kutter erläutert, aus Gründen der Vereinfachung aber etwas anders als sie in der professionellen Fleischerei gehandhabt wird.

Herstellung mit der Küchenmaschine oder Teigknetmaschine

Dazu werden das vorgewolfte Fleisch, der vorgewolfte Speck und der Eisschnee mit den Gewürzen und Zusatzstoffen gut vermengt und zusammen mit den gewolften Zwiebeln und dem Knoblauch etwa 10–15 Minuten mit dem Rührwerk der Küchenmaschine kräftig gerührt. Hier eignen sich bei kleineren Mengen eher die Rührbesen, bei größeren Mengen die Knethaken. Durch das kräftige Rühren emulgiert die

Handraspelgerät für die Eisschneeherstellung

Masse. Die Eiweißzellen werden angeschlagen, können damit mehr Wasser aufnehmen und binden das Fett. Damit wird der Fett- oder Geleeabsatz (Sulze) verhindert oder stark dezimiert.

Hilfreich für eine einwandfreie Bindung, aber wegen möglicher gesundheitsschädlicher Nebenwirkungen nicht unumstritten ist hier der Einsatz eines Kutterhilfsmittels wie Phosphat (siehe auch Kapitel Zusatzstoffe). Eine Brühwurst ohne den Zusatzstoff herzustellen, ist nicht immer ganz so einfach, bei der Erprobung der Rezepte für dieses Buch hat sich aber gezeigt, daß es wider Erwarten durchaus möglich ist. Deshalb wurde in den Rezepten auf die Zugabe von Phosphat verzichtet. Es bleibt dem Hobbywurster überlassen, doch Phosphat zuzugeben. In der Regel sind dies 3–5 g je kg Wurstmasse.

Die fertig gerührte Wurstmasse wird nach Möglichkeit anschließend noch im

Brühwurst

Rühren von Brühwurstmasse mit der Teigknetmaschine

Herstellung mit dem Kutter

Die Vorbereitung des Materials ist identisch mit der oben beschriebenen Methode. Das Fleisch und der Speck für das Grundmaterial werden mit der 3-mm-Scheibe gewolft. Die Eisschneemenge muß gegenüber dem Rezept für die Küchenmaschine um jeweils 60 % erhöht werden. Das gilt nicht nur für die Brühwürste, sondern ebenfalls für die Feinen Bratwürste. Werden zum Beispiel für Lyoner mit der Küchenmaschine 15 % Eisschnee benötigt, so braucht man mit dem Kutter ungefähr 25 %. Dadurch ergibt die Summe im Gesamtrezept über 100 % und anstatt 1 kg Wurstmasse erhält man 1,1 kg. Die erhöhte Eiszugabe ist wegen der schnell rotierenden Messer nötig. Da länger gekuttert wird, wird das Brät stärker erwärmt.

Im übrigen werden die Materialien, die Gewürze und Zusatzstoffe wie bei der Herstellung mit der Küchenmaschine gemischt. Nun wird das Ganze mit der Teigknetmaschine zu einem Brei vermengt. Man darf weder Fleisch noch Speck einzeln erkennen können. Nun kommt das Material in den Kutter. Es wird so lange gekuttert, bis eine Temperatur von 14 °C erreicht wird. Die Temperatur wird mit dem Fleischthermometer gemessen. Dazu schaltet man natürlich den Kutter ab. Es sollte lieber einmal öfter gemessen werden, damit eine Überwärmung vermieden wird. Um eine vollständige Bindung zu erreichen, sollte hier nach Möglichkeit nicht auf Bindemittel verzichtet werden.

Wird Wurst mit Einlagefleisch hergestellt, kommt anschließend das fertig gekutterte Brät wieder in die Teigknetma-

Mixbecher der Küchenmaschine etwa 20–30 Sekunden gemixt. Dabei sollte der Mixbecher nicht zu voll gefüllt werden, sonst ist ein gutes Mischen nicht gewährleistet. Die untere Zone wird erwärmt und die obere Zone gar nicht erfaßt. Die Endtemperatur der Wurstmasse sollte bei etwa 6–8 °C liegen.

Wird Einlagefleisch wie bei Schinkenwurst oder Grobem Fleischkäse mitverarbeitet, wird zunächst das Grundbrät wie beschrieben hergestellt. Anschließend vermengt man das Grundbrät mit dem vorgewolften Einlagefleisch. Nun wird die Gesamtmasse nochmals 2–3 Minuten kräftig mit der Küchenmaschine gerührt.

Mixen von Brühwurstmasse mit der Küchenmaschine (oben).
Mit einer Diätwaage werden die Gewürze gewogen (unten).

Brühwurst

Brühwurst

Von links nach rechts: Lyoner mit dem Kutter und Nitritpökelsalz hergestellt; Lyoner mit der Küchenmaschine mit und ohne Nitritpökelsalz hergestellt

schine und wird zusammen mit dem vorbereiteten Einlagefleisch so lange gerührt bis es vollständig vermischt ist. Das sind mit der Teigknetmaschine etwa drei Minuten, mit der Küchenmaschine etwa eine Minute bei mittlerer Geschwindigkeit. Die mit dem Kutter hergestellte Wurst ist von der Konsistenz her zwar feiner, aber beim Verzehr ist der Unterschied nur gering.

Und nun noch ein Tip: Da die Schüssel der Küchenmaschine einen größeren Inhalt hat, als der Mixbecher, kann durchaus 2 kg Brät auf einmal hergestellt werden. Diese Menge wird auf einmal in der Rührschüssel gerührt. Dadurch hat man das Abwiegen nur einmal. Dann mixt man diese 2 kg Brät in vier Portionen nacheinander. Bei Wurst mit Einlagefleisch kann nachher wieder alles zusammen in einer Schüssel vermengt werden. Das ist eine enorme Arbeitsersparnis und es passieren weniger Fehler.

Einfüllen der Wurstmasse

Brühwurstmassen können in Konserven oder Därme gefüllt werden. Es ist zwar nicht üblich, Wurstmasse von Knackwurst oder Wiener Würstchen einzudosen, aber es ist möglich. Als Wursthüllen werden meist Sterildärme verwendet. Soll die Wurst geräuchert werden, müssen Natur- oder Naturindärme verwendet werden.

Rezepte für Brühwurst

Lyoner

- Material
- 22,5 % Rindfleisch
- 22,5 % Schweinefleisch
- 20 % Speck
- 20 % Schweinebacken
- 15 % Eisschnee
- Gewürze und Zusatzstoffe
- je kg Wurstmasse
- 18 g Nitritpökelsalz
- 2,25 g Pfeffer, weiß, gemahlen
- 0,5 g Mazis
- 0,5 g Koriander
- 0,5 g Paprika, edelsüß
- 0,25 g Ingwer
- 0,25 g Kardamom
- 1 g Geschmacksverstärker
- 10 g Zwiebeln
- statt Naturgewürzen Fertigmischung Lyoner oder Feiner Aufschnitt

Brühwurst

Das Fleisch, der Speck und die Backen werden am Vortag leicht angefroren durch die 2-mm-Scheibe gewolft und danach gekühlt. Dieses Material wird nun mit den Gewürzen und Zusatzstoffen vermengt und zusammen mit dem Eisschnee mit der Küchenmaschine, wie oben beschrieben, gerührt und mixt. Anschließend wird die Masse in Sterildärme mit 60 mm Durchmesser gefüllt und etwa eine Stunde bei 75–78 °C gebrüht. Hinterher wird die Wurst langsam abgekühlt.
Bei Lyoner kann anstelle von Rind- und Schweinefleisch sehr gut Fleisch von jungen Schafen und Ziegen, Geflügel, Kaninchen oder auch Kalb verwendet werden.

Wiener Würstchen (Saiten)

- Material
- siehe Lyoner
- Gewürze und Zusatzstoffe
- je kg Wurstmasse
- siehe Lyoner, zusätzlich 1,5 g Paprika, edelsüß
- besser Fertigmischung Wiener Würstchen oder Aufschnittgewürz, zusätzlich
- 1 g Paprika, edelsüß

Die Wurstmasse wird in Saitlinge gefüllt und zu Paaren oder Strängen von etwa 70 g je Würstchen abgedreht. Die Wurststränge werden auf Räucherstöcken im Heißrauch bei etwa 60–70 °C geräuchert, bis sie eine rötlich-braune Farbe haben. Danach werden die Wurststränge zu je zwei Paaren abgeschnitten. Anschließend werden sie 10–15 Minuten bei 75 °C gebrüht und in kaltem Wasser abgekühlt. Nach dem Abkühlen werden die Paare auf Stöcke gehängt und nochmals mit heißem Wasser abgeschwenkt, um das anhaftende Fett zu entfernen. Dann werden sie vorsichtig mit einem feuchten Tuch abgetrocknet und kühl gelagert.

Knackwurst

- Material
- 30 % Rindfleisch
- 25 % Schweinefleisch
- 30 % Speck
- 15 % Eisschnee oder -würfel
- Gewürze und Zusatzstoffe
- je kg Wurstmasse
- 18 g Nitritpökelsalz
- 2,5 g Pfeffer, weiß, gemahlen
- 0,25 g Muskat
- 0,5 g Mazis
- 0,5 g Paprika, edelsüß
- 0,25 g Koriander
- 1 g Geschmacksverstärker
- 5 g Zwiebel
- nach Geschmack 0,5 g Knoblauch
- besser: Fertigmischung Schinkenwurst oder Aufschnittgewürz und
- 0,25 g Muskat

Die Herstellung der Wurstmasse ist identisch mit der von Lyoner. Das Brät wird in Bratdärme (Schweinedünndärme) gefüllt. Die nachfolgende Verarbeitung ist dann mit der von Wiener Würstchen gleich. Brühdauer: etwa 30 Minuten.

Brühwurst

Gelbwurst

Material
20 % Schweinefleisch
30 % Kalbfleisch
35 % Schweinebacken
15 % Eisschnee
Gewürze und Zusatzstoffe
je kg Wurstmasse
18 g Kochsalz
2 g Pfeffer, weiß, gemahlen
1 g Mazis
0,5 g Ingwer
0,25 g Kardamom
1 g Geschmacksverstärker
10 g Zwiebeln
besser: anstatt Naturgewürzen Fertigmischung Gelbwurst oder Feiner Aufschnitt

Die Herstellung der Wurstmasse ist identisch mit der von Lyoner. Das Brät wird normalerweise in spezielle gelbe Sterildärme gefüllt. Das beschriebene Rezept kann auch als Diätwurst bezeichnet werden. Eine weitere Möglichkeit Gelbwurst herzustellen, ist das beschriebene Lyoner-Brät. Anstelle von Nitritpökelsalz wird aber Kochsalz verwendet. (Bild innen).

Kalbskäse

Das Material, die Gewürze und Zusatzstoffe entsprechen denen der Gelbwurst. Die weitere Verarbeitung ist identisch mit der Herstellung von Grobem Fleischkäse. (Bild außen).

Schinkenwurst

Material Grundmasse
20 % Rindfleisch
20 % Schweinefleisch
20 % Speck
10 % Eisschnee
Material Einlagefleisch
20 % Schweinefleisch (Keule oder Schulter)
10 % magerer, kerniger Schweinebauch
Gewürze und Zusatzstoffe
je kg Wurstmasse
siehe Knackwurst

Die Vorbereitung des Materials für die Grundmasse ist identisch mit der für Lyoner. Das Einlagefleisch wird am Vortag durch die 4-mm-Scheibe gewolft. Die Grundmasse wird mit dem Einlagefleisch vermengt und einige Minuten gerührt. Die

Wurstmasse wird in Sterildärme oder in Konserven gefüllt. Die weitere Verarbeitung ist dann identisch mit der von Lyoner. Man kann das Brät auch in Naturin- oder Rinderkranzdärme füllen. Die Rindsdärme werden zu Ringen abgebunden. Naturin- und Naturdärme werden bei 60–70 °C heißgeräuchert und anschließend bei etwa 75 °C gebrüht. Gardauer auch hier etwa 10 Minuten je cm Durchmesser. Nach völligem Abkühlen in kaltem Wasser werden die Ringe mit heißem Wasser abgeschwenkt und mit einem feuchten Tuch abgetrocknet.

Grober Fleischkäse

- Material
- siehe Schinkenwurst
- Gewürze und Zusatzstoffe
- siehe Lyoner, aber
- 20 g Zwiebel pro kg Wurstmasse

Die Herstellung der Wurstmasse ist identisch mit der von Schinkenwurst. Das Einlagefleisch wird aber mit der 8-mm-Scheibe (Erbsenscheibe) gewolft. Das Brät wird in eingefettete Aluformen (spezielle Fleischkäseformen) gefüllt. Es können auch Kastenformen für Kuchen verwendet werden. Beim Einfetten kann Schweine-

Grober Fleischkäse | Feiner Fleischkäse

schmalz, aber auch pflanzliches Fett verwendet werden. Es ist wichtig, die Formen, und hier vor allem die Ecken, gut einzufetten, damit sich nach dem Backen die Wurstmasse leicht aus der Form löst. Das Einfetten ist einfacher, wenn das Fett vorher leicht erwärmt wird. Die Wurstmasse wird in die Form geworfen, damit die Luft möglichst vollständig entweicht. Andrücken ist schwierig da die Masse sehr klebrig ist. Anschließend wird die Brätmasse in der gefüllten Form mit einem Teigschaber glatt gezogen. Dabei wird am Anfang mit dem Schaber gedrückt, damit nochmals Luft entweichen kann. Nun wird etwas kaltes Wasser auf die gefüllten Formen gespritzt und sie werden noch einmal mit dem Teigschaber glattgezogen. Durch das Wasser klebt die Masse nicht mehr an dem Schaber. Nun werden mit der Schaberkante noch Streifen diagonal in das Brät gedrückt, dadurch reißt die Oberfläche beim Backen nicht ein, und man erhält ein schönes Muster. Jetzt werden die Formen in der Backröhre im Herd gebacken. Die Formen werden auf ein Blech gestellt und im vorgeheizten Ofen auf die untere Schiene geschoben. Die Garzeit beträgt für eine 1-kg-Form etwa 60 Minuten, für eine 3-kg-Form etwa zweieinhalb bis drei Stunden bei 150 °C. Sollte der Herd nicht gleichmäßig backen, müssen die Formen während des Backvorgangs einmal untereinander ausgetauscht werden.

Brühwurst

Feiner Fleischkäse

- Material
- siehe Lyoner
- Gewürze und Zusatzstoffe
- je kg Wurstmasse
- siehe Lyoner, zusätzlich 20 g Röstzwiebeln pro kg Wurstmasse.

Die Herstellung des Bräts ist identisch mit der von Lyoner. Die weitere Verarbeitung ist identisch mit der für Groben Fleischkäse.

Leberkäse

- Material Grundmasse
- 15 % Rindfleisch
- 15 % Schweinefleisch
- 15 % Speck
- 10 % Eisschnee
- Material Einlagefleisch
- 15 % Schweineleber
- 10 % Schweinefleisch (von Keule oder Schulter)
- 20 % magerer Schweinebauch
- Gewürze und Zusatzstoffe
- je kg Wurstmasse
- siehe Grober Fleischkäse, zusätzlich 1–2 g Majoran, gerebbelt

Die Leber wird mit dem Messer zunächst in Streifen geschnitten und anschließend mit dem Messer oder einem Wiegemesser gehackt. Sie darf auf keinen Fall gewolft werden, da sonst die Struktur verloren geht. Die Gesamtmasse wird also auch hier mit dem Handrührgerät oder der Küchenmaschine gerührt. Die Verarbeitung ist ansonsten identisch mit der von grobem Fleischkäse. Leberkäse ist besonders schmackhaft, wenn er warm verzehrt wird.

Jagdwurst

- Material
- 55 % Lyoner-Brät
- 35 % Schweinefleisch (von Keule oder Schulter)
- 10 % magerer Schweinebauch
- Gewürze und Zusatzstoffe
- je kg Fleisch und Bauch
- siehe Lyoner, zusätzlich je kg Gesamtmasse
- 10 g Pistazien

Das Schweinefleisch und der Schweinebauch werden am Vortag durch die Schrotscheibe (10 mm) gewolft. Die Pistazien werden grob gehackt. Die weitere Verarbeitung ist wie bei Schinkenwurst. Die Masse wird in Sterildärme mit 70 oder 90 mm Durchmesser gefüllt und bei 75 °C gebrüht. Die Brühdauer liegt beim 70er Darm bei etwa 90 Minuten und beim 90er Darm bei zwei Stunden. Anschließend werden die Würste in kaltem Wasser abgekühlt.

Brühwurst

Bierschinken

- Material
- 45 % Lyoner-Brät
- 55 % Schweinefleisch (erstklassiges, absolut sehnen- und fettfreies Fleisch von Keule oder Schulter)
- Gewürze und Zusatzstoffe
- je kg Schweinefleisch
- siehe Lyoner, hier aber zusätzlich 1 g
- Mazis oder Fertigmischung Bierschinken

Das Schweinefleisch wird zu Würfeln mit einer Kantenlänge von etwa 2 cm geschnitten. Hier ist auch Putenfleisch sehr gut geeignet. Die Würfel sollten wegen des Schnittbilds der Wurst halbwegs die gleiche Größe haben. Nun werden die Würfel mit den Gewürzen und Zusatzstoffen mit der Küchenmaschine mit Knetarm etwa fünf Minuten gerührt, bis sie gut leimig, das heißt bindig werden. Die Rührbesen sind hier ungeeignet, mit ihnen zerstört man die Würfel. Danach kommen sie in eine Schüssel oder einen Eimer und werden fest angedrückt, damit die Luft entweicht. So vermeidet man die unerwünschten grauen Stellen. Diese Würfel werden dann einen Tag kühlgestellt, damit sie durchröten. Am Folgetag werden die Würfel nochmals eine Minute gerührt, dann wird das Grundbrät in mehreren Schritten eingerührt. Die weitere Verarbeitung ist identisch mit der von Jagdwurst.

Gebackener Bierschinken

Beim gebackenen Bierschinken wird die unter Bierschinken beschriebene Wurstmasse in Fleischkäseformen gefüllt. Die weitere Verarbeitung ist identisch mit der von Fleischkäse.

Wiener Braten

- Material
- Jagdwurstmasse
- Petersilie
- rote Paprikaschoten

Die Petersilie und die Paprikaschoten werden gehackt und mit der Wurstmasse gut vermengt. Die weitere Verarbeitung entspricht der von Fleischkäse.

Krakauer

- Material Grundmasse
- 30 % Rindfleisch (sehr gut geeignet Fleisch älterer Tiere wie Schaf, Ziege, Wild, Kuh)
- 5 % Eisschnee
- Material Einlagefleisch
- 65 % Schweinebauch, nicht zu fett oder
- 35 % Fleisch von Schaf, Ziege oder Wild
- 30 % kerniger Speck
- Gewürze und Zusatzstoffe
- je kg Wurstmasse
- 19 g Nitritpökelsalz
- 3 g Pfeffer, schwarz, gemahlen

Brühwurst

- 0,5 g Muskat, gemahlen
- 0,5 g Paprika, scharf
- 0,5 g Paprika, edelsüß
- 0,5 g Koriander
- 1 g Kümmel, ganz
- 1 g Knoblauch

Die Herstellung des Brätes ist identisch mit der von Schinkenwurst. Das Schrotfleisch wird am Vortag durch die 5-mm-Scheibe gewolft. Die Wurstmasse wird in der Regel in Naturindärme mit 60 mm Durchmesser gefüllt und etwa eine Stunde bei 60–70 °C heißgeräuchert. Anschließend werden die Würste etwa eine Stunde bei 75 °C gebrüht und hinterher im kalten Wasser abgekühlt. Nach völligem Erkalten werden die Würste aufgehängt. Wenn sie völlig trocken sind, werden sie noch etwa einen halben Tag kalt nachgeräuchert. Die Wurstmasse kann auch in Rinderkranzdärme gefüllt werden, die man zu Ringen abbindet. Die weitere Verarbeitung erfolgt wie oben beschrieben.

Bierwurst

- Material Grundmasse
- 30 % Rindfleisch
- 5 % Eisschnee
- Material Einlagefleisch
- 50 % Schweinebauch, nicht zu fett
- 15 % Schweinefleisch
- Gewürze und Zusatzstoffe
- je kg Wurstmasse
- siehe Krakauer,
- aber anstelle des Kümmels 3 g Senfkörner,
- außerdem zusätzlich 1 g Geschmacksverstärker

Die Herstellung der Bierwurst ist identisch mit der von Krakauer. Der Schweinebauch wird aber mit der 4-mm-Scheibe, das Schweinefleisch mit der Schrotscheibe vorgewolft.
Bierwurst wird in spezielle Bierkugeldärme oder in Naturindärme mit einem Durchmesser von 90 mm gefüllt. Die weitere Verarbeitung ist identisch mit der von Krakauer. Die Brühdauer beträgt bei kleinen Bierkugeln (etwa 400 g) etwa 90 Minuten, bei den 90er Naturindärmen etwa zwei Stunden. Auch bei dieser Wurstsorte können die Fleischteile wie bei Krakauer durch andere ersetzt werden.

Bratwürste

Grobe Bratwürste

Die Grobe Bratwurst ist die einfachste Wurst in der Herstellung. Es ist die Wurst, mit welcher der Hobbywurster beginnen sollte. Auch in bezug auf die Geräte ist hier nur die absolute Standardausrüstung erforderlich. Das gilt besonders dann, wenn die Wurstmasse in Gläser oder Dosen gefüllt wird. Der Arbeitsaufwand ist ebenfalls sehr gering. Die Bratwurstmasse kann so vielseitig wie keine andere Wurstmasse verwendet werden.

Es ist hier nicht nötig, näher auf das verwendbare Material einzugehen. Für Bratwurst kann das Fleisch sämtlicher bereits beschriebener Tierarten eingesetzt werden. Der Vorzug ist aber dem Fleisch von jüngeren Tieren zu geben, da älteres Fleisch meist langfasrig ist und sich negativ auf die Wurststruktur auswirkt. Die Wurst wird dadurch strohig. Der Fleischanteil von Rind, Schaf, Ziege oder Wild sollte in der Wurstmasse nicht mehr als ein Drittel betragen, da die Wurst dadurch ebenfalls trocken wird. Es sollte dann jeweils noch ein Drittel Schweinefleisch und ein Drittel Speck zugegeben werden. Die Wurst kann aber ausschließlich aus Kalbfleisch, Putenfleisch oder Kaninchenfleisch und jeweils Speck hergestellt werden. In diesem Fall kann auch sehr wenig Speck verwendet werden, wenn jemand aus gesundheitlichen Gründen darauf verzichten muß.

Herstellung der Wurstmasse

Das Material zu Grober Bratwurst wird zunächst mit dem Messer so zerkleinert, daß es mühelos vom Fleischwolf erfaßt werden kann. Beim Fleischwolf ist darauf zu achten, daß der Messersatz gut schneidet. Das Material wird gut gekühlt verarbeitet. Vor dem Wolfen werden die Fleisch- und Fetteile mit dem Salz, den Gewürzen und Zusatzstoffen gut vermengt. Danach wird die Masse gut geknetet und gefüllt. Die Masse kann sowohl in Därme als auch in Dosen oder Gläser gefüllt werden. Wer keinen Fleischwolf hat, kann das Wolfen gleich beim Fleischkauf durchführen lassen. Dann sollte das Hackfleisch aber möglichst innerhalb eines Tages weiterverarbeitet werden.

Räuchern der Groben Bratwurst

Grobe Bratwürste können kaltgeräuchert werden. Dabei sollten der Masse aber keine Eier und wenig oder keine Zwiebeln zugegeben werden. Das Räuchern geschieht in rohem Zustand der Wurst.

Grobe Bratwurst (Bauernbratwurst)

- Material
- 50 % mageres Schweinefleisch
- 50 % Schweinebauch
- Gewürze und Zusatzstoffe
- je kg Wurstmasse
- 20 g Kochsalz
- 2 g Pfeffer, weiß, gemahlen
- 0,25 g Muskat
- 0,5 g Majoran, gemahlen
- etwas Knoblauch

Bratwurst geräuchert und roh

Bratwürste

Zunächst wird das gesamte Material von Sehnen und Knorpeln befreit, die Zutaten werden hinzugegeben. Das Ganze wird gut vermengt durch die 3- oder 4-mm-Scheibe gewolft. Nun wird das Brät gut durchgeknetet. Bratwurst darf beim Versuchen auf keinen Fall scharf oder salzig schmecken, da die Geschmacksintensität beim Braten zunimmt. Jetzt wird die Wurstmasse in Schweinebratdärme gefüllt und zu Paaren oder Strängen von etwa 90 g je Wurst abgedreht. Die Würste können noch ein bis zwei Tage in einen kühlen Raum gehängt werden. Vor dem Verzehr läßt man sie in heißem Wasser (nicht kochend) etwa 15 bis 20 Minuten ziehen, bis sie gar sind, dann können sie gebraten werden. Man taucht sie zunächst in Milch oder bestreicht sie mit Senf, dann bekommen sie eine schöne braune Farbe. Nicht zu heiß anbraten, sonst platzt die Wurst! Die gegarten Würste können auch gegrillt werden.

Vielfach werden der Bratwurstmasse rohe Eier zugegeben. Man nimmt ein Ei auf 1 bis 2 kg Wurstmasse. Dann sollten die Würste aber sofort nach der Herstellung verzehrt oder eingefroren werden.

Fränkische Bratwurst

- Material
- 30 % Rindfleisch
- 30 % Schweinefleisch
- 40 % Schweinebauch
- Gewürze und Zusatzstoffe
- je kg Wurstmasse
- 20 g Kochsalz
- 2 g Pfeffer, weiß, gemahlen
- 0,5 g Piment
- 3 g Majoran, gerebbelt

Das Material wird mit den Gewürzen und Zutaten gut vermengt durch die 5-mm-Scheibe gewolft und zu einer gut bindenden Masse geknetet. Die weitere Verarbeitung ist identisch mit Grober Bratwurst.

Nürnberger Bratwurst

- Material
- 30 % Rindfleisch
- 70 % Schweinebauch
- Gewürze und Zusatzstoffe
- je kg Wurstmasse
- 20 g Kochsalz
- 2 g Pfeffer, weiß, gemahlen
- 0,5 g Mazis
- 0,5 g Ingwer
- 1 g Majoran, gerebbelt

Das Material wird mit den Gewürzen und Zutaten gut vermengt durch die 3-mm-Scheibe gewolft, gut durchgeknetet und in Saitlinge gefüllt. Davon werden Würstchen von etwa 8–10 cm Länge abgedreht.

Putenbratwurst

- Material
- 50–80 % Putenfleisch
- 20–50 % Schweinebauch
- Gewürze und Zusatzstoffe
- je kg Wurstmasse
- 18 g Kochsalz
- 2 g Pfeffer, weiß, gemahlen
- 1 g Mazis
- 0,5 g süßer Paprika
- etwas Zitronensaft

Bratwürste

Das gesamte Material wird mit den Gewürzen und Zusatzstoffen vermengt und durch die 2-mm-Scheibe gewolft. Die weitere Bearbeitung entspricht der für Grobe Bratwurst. Diese Wurst ist vor allem auch für Personen geeignet, die kein Schweinefleisch oder kein Fett essen sollen. Auch anderes Geflügelfleisch, Kalb- oder Kaninchenfleisch kann verwendet werden und wenig oder gar kein Speck. Die Salzmenge kann bis auf 10 g je kg Wurstmasse reduziert werden.

Rehbratwurst

- Material
- 30–50 % jüngeres Rehfleisch
- 50–70 % magerer Schweinebauch
- Gewürze und Zusatzstoffe
- je kg Wurstmasse
- 20 g Kochsalz
- 3 g Pfeffer, weiß, gemahlen
- 0,5 g Koriander
- 1 Zehe Knoblauch
- etwas Weißwein

Das Rehfleisch und der Knoblauch werden durch die 3-mm-Scheibe gewolft. Diese Masse wird mit dem Schweinebauch und den Gewürzen und Zusatzstoffen vermengt und durch die 5-mm-Scheibe gewolft. Nun wird die Gesamtmasse gut durchgeknetet, in Schweinedünndärme gefüllt und einen Tag kaltgeräuchert. Weitere Bearbeitung wie Grobe Bratwurst. Hier kann anstelle des Rehfleisches ebenfalls Fleisch von anderen Wildarten, Schaf oder Ziege zugegeben werden.

Feine Bratwürste

Von der Verwendung des Rohmaterials und der Herstellungstechnik gehören feine Bratwürste in jeder Beziehung zu den Brühwürsten. Aus systematischer Sicht werden sie in diesem Buch in die Kategorie der Bratwürste eingereiht. Feine Bratwürste sind zum Räuchern nicht geeignet.

Wollwurst

Bratwurst

Feine Bratwurst

- Material
- 40 % Schweinefleisch
- 25 % magerer Schweinebauch
- 20 % Speck
- 15 % Eisschnee

Ein Brotzeit mit frischen Weißwürsten ist nicht nur für Kenner ein Genuß.

- Gewürze und Zusatzstoffe
- je kg Wurstmasse
- 20 g Kochsalz
- 2 g Pfeffer, weiß, gemahlen
- 0,5 g Mazis
- 0,2 g Koriander
- etwas Zitronensaft

Die Herstellung des Bräts ist identisch mit der Herstellung von Lyoner (siehe Seite 108). Die Masse wird in Bratdärme gefüllt und zu Paaren oder Strängen von 90 g je Würstchen abgedreht. Anschließend werden sie bei 75 °C etwa 20 Minuten gebrüht und in kaltem Wasser abgekühlt. Das Anbraten geschieht wie bei Grober Bratwurst.

Wollwurst (Oberländer)

Das Material, die Gewürze und Zusatzstoffe sind die gleichen wie bei Feiner Bratwurst. Die Masse wird aber nicht in Därme gefüllt, sondern mit der Füllmaschine in Bratwurstform (etwa 20 cm Länge) längs auf ein befeuchtetes, glattes Vesperbrett aus Kunststoff gespritzt. Der Wursttrichter sollte dabei einen Durchmesser von etwa 2 cm haben. Dabei können durchaus drei bis vier Würste parallel gespritzt werden. Das Brett mit der gespritzten Masse taucht man, Würste nach unten, in 75 °C heißes Wasser. Nun läßt man es kurze Zeit auf der Wurstmasse liegen bis die Masse in heißem Wasser zieht. Dann löst man es vorsichtig, damit die Würste nicht abreißen. Sollten die Würste aneinander kleben, stößt man sie vorsichtig mit der Brettkante auseinander. Die Garzeit beträgt etwa 25–30 Minuten. Anschließend wird die Wurst in kaltem Wasser abgekühlt.

Weißwurst, Münchner Art

- Material
- 60 % Kalbfleisch (im Originalrezept davon etwa dein Drittel Kalbskopffleisch mit Schwarten)
- 25 % Speck
- 15 % Eisschnee
- Gewürze und Zusatzstoffe
- je kg Wurstmasse
- 20 g Kochsalz
- 2 g Pfeffer, weiß, gemahlen
- 0,5 g Mazis
- 0,1 g Nelken
- etwas Zitronensaft
- 10–20 g gehackte Petersilie

Die Herstellung dieser Wurstsorte ist identisch mit der von feiner Bratwurst. Die Wurst wird aber in weitere Bratdärme gefüllt und zu Paaren oder als Schnüre in Portionen von 80–90 g abgedreht. Die Brühdauer beträgt etwa 30 Minuten bei 75 °C.

Pasteten

Pasteten

Pasteten gehören ebenfalls zum Brühwurstbereich. Es können verschiedenste Arten von Fleisch und sonstigen Zutaten wie Pilze, Gemüse, Teig und vieles andere verwendet werden. Dies macht Pasteten besonders interessant und abwechslungsreich. Es ist empfehlenswert, der Masse immer Brät (Lyoner oder Gelbwurst) zuzugeben. Die Pastete bekommt dadurch eine bessere Bindung und kocht nicht so stark aus. Durch das Auskochen wird die Pastete trocken und verliert an Aroma.

Pasteten werden in speziellen Pastetenformen im Wasserbad gegart. Die Formen sind in der Regel aus Edelstahl, Aluminium oder Porzellan. Man kann sich auch mit einer Kastenform, wie sie für Kuchen üblich ist, behelfen. Als Deckel benützt man dann Aluminiumfolie, in die man ein paar Löcher sticht, damit der Dampf entweichen kann.

In der Fleischerei werden Pasteten häufig für Aufschnittplatten hergestellt, um Abwechslung ins Sortiment zu bringen.

Jeder kennt die dekorativen Pasteten mit Mosaikrand. In diesem Buch geht es nicht um solche Pasteten, da sie zu schwierig und arbeitsaufwendig sind. Hier soll ganz einfach noch eine weitere Art der Fleischverarbeitung gezeigt werden, die für Gaumenfreunde als Spezialität gilt und auf einem Buffet etwas besonderes sein kann.

Übrigens kann Pastetenmasse auch in Dosen und Gläsern eingekocht werden.

Bevor man eine Pastetenmasse herstellt, sollte man wissen, in welche Form die Masse gefüllt werden soll. Die Form sollte vorher „ausgelitert" werden, das heißt das Fassungsvermögen der Form sollte ermittelt werden, damit die richtige Menge an Pastetenmasse hergestellt wird. Nichts ist ärgerlicher, als eine nur halb gefüllte Form oder kostbare Pastetenmasse, die nach dem Füllen der Form übrig ist. Dabei ist zu beachten, daß die Form nicht zu voll (1 bis 2 cm unter dem Rand) gefüllt wird, da die Masse beim Garen quillt. Für eine Form von einem Liter Inhalt benötigt man etwa 800 g Pastetenmasse.

Die gefüllte Form wird mit einem Deckel oder einer Aluminiumfolie verschlossen und im Wasserbad bei etwa 80–85 °C gegart. Die Garzeit beträgt etwa 10 bis 15 Minuten je cm Durchmesser. Die Kontrolle sollte mit dem Fleischthermometer erfolgen. Der Richtwert bei der Kerntemperatur liegt bei etwa 65 °C. Nach dem Garen schüttet man zunächst die gezogene Flüssigkeit weg. Anschließend kühlt man die Form ein bis zwei Stunden in kaltem Wasser ab und stellt sie noch einen Tag in den Kühlschrank.

Die spezielle Pastetenform hat zwei Klammern zum Verschließen des Deckels.

Pastetenformen aus Edelstahl und feuerfester Keramik

Pasteten

Diese bleiben beim Abkühlen geschlossen. Von allen anderen Formen wird der Deckel entfernt. Zur Beschwerung legt man auf die Pastete ein Brettchen (am besten vorher passend in Form zugeschnitten) und beschwert es mit einem schweren Gegenstand. Das Beschweren muß aber mit Fingerspitzengefühl erfolgen. Bei zu starkem Beschweren preßt man die Flüssigkeit mit den Aromastoffen aus der Pastete. Wird nicht oder zu wenig beschwert, behält die Pastete nicht die gewünschte Form.

Rezepte für Pasteten

Entenpastete

- Material
- 40 % ausgelöstes Fleisch einer jungen Ente
- 5 % Zwiebeln
- 10 % Pfifferlinge
- 25 % Kalbsleber
- 5 % Entenlebern
- 15 % Brät
- durchwachsener, geräucherter Speck in dünnen Scheiben
- Gewürze und Zusatzstoffe
- je kg Masse (ohne Brät)
- 16 g Kochsalz
- 2 g Pfeffer, weiß, gemahlen
- 2 g Thymian

In der Regel kauft man eine ganze Ente (1500–2000 g Schlachtgewicht entspricht etwa 500–700 g Fleisch). Zunächst löst man das Fleisch von den Knochen. Vom Fleisch wird die Haut abgezogen, abgetrocknet und gewürfelt, bei starker Hitze etwa 15 Minuten in der Pfanne ausgebraten und dann aus der Pfanne genommen.

Nun wird das Entenfleisch von allen Seiten auf höchster Stufe in dem verbliebenen, ausgebratenen Fett angebraten und bei mittlerer Hitze 20 Minuten durchgebraten. Dann läßt man das Fleisch abkühlen. Die Zwiebeln werden in sehr kleine Würfel geschnitten und im Entenfett bei starker Hitze goldgelb gebraten, die gesäuberten und ebenfalls kleingewürfelten Pfifferlinge werden hinzugegeben und etwa fünf Minuten bei mittlerer Hitze durchgedünstet.

Nun dreht man die ausgebratene Haut, die Lebern und das Brustfleisch durch den Fleischwolf. Den entstandenen Fleischteig mischt man mit den übrigen Zutaten und würzt mit Salz, Pfeffer und Thymian. Hierauf wird die Pastetenform mit den Speckscheiben ausgelegt und mit dem Fleischteig gefüllt. Das ganze wird mit Speckscheiben abgedeckt, die Form verschlossen und gegart.

Feine Leberpastete

- Material
- 75 % Lyoner Brät
- 25 % Schweineleber
- Speckscheiben für die Form
- Gewürze und Zusatzstoffe
- je kg Leber

Pasteten

- 19 g Nitritpökelsalz
- 2,5 g Pfeffer, weiß, gemahlen
- 1 g Mazis
- 1 g Geschmacksverstärker
- 40 g Zwiebeln

Die Zwiebeln werden in Ringe geschnitten und im Fett goldgelb gedämpft. Dann wird die Leber mit den Zwiebeln durch die 2-mm-Scheibe gewolft. Anschließend wird diese Masse gemixt bis sie Blasen wirft. Dann werden die restlichen Zutaten dazugegeben und so lange gemixt, bis sie gut untergemengt sind. Jetzt kommt das Brät dazu. Es wird weitergemixt, bis sich die Leber gut mit dem Brät vermischt hat und das ganze eine homogene Masse ist. Die Form wird mit Speckstreifen ausgelegt und anschließend mit der Wurstmasse gefüllt. Danach wird die Form eingeebnet. Es ist darauf zu achten, daß keine Luftblasen dazwischen sind. Zum Schluß wird die Masse mit den Speckstreifen abgedeckt, die Form verschlossen und gegart.

Gänseleberpastete

- Material
- 25 % Gänseleber
- 50 % Schweinefleisch
- 25 % Speck (auch fetter Schweinebauch)
- Gewürze und Zusatzstoffe
- je kg Wurstmasse
- 19 g Salz
- 2,5 g Pfeffer, weiß, gemahlen
- 0,25 g Paprika, edelsüß
- 1 g Majoran
- 1 g Basilikum
- 50 g Zwiebeln

Das Rezept ist empfehlenswert für Hobbywurster, die keinen Mixer haben und deshalb kein Brät herstellen können. Es ist aber aus den bereits beschriebenen Gründen noch besser, die Pastete nach dem gleichen Verfahren wie Feine Leberpastete herzustellen, das heißt, mit 25 % Gänseleber und 75 % Brät. Dann benötigt man ebenfalls Speckscheiben zum Auslegen der Form.

Die Gänseleber in Streifen schneiden und nur ganz leicht anbraten, damit die Bindung nicht verloren geht. Die Zwiebeln in Ringe schneiden und in etwas Öl glasig dünsten. Danach das ganze Material durch die 2-mm-Scheibe wolfen und mit den Zu-

Pasteten

taten gut vermengen. Hinterher rührt man die Masse mit der Küchenmaschine bis sie gut bindig ist. Der Masse kann beim Rühren auch etwas Fleischbrühe zugegeben werden. Die weitere Verarbeitung erfolgt wie bei den anderen Rezepten.

Filetpastete im Pilzmantel

- Material
- 1 Schweinefilet
- 250 g Champignons
- 100 g Pfifferlinge
- 1 Schalotte
- 300 g Brät
- 1 Ei
- 1 Paket tiefgekühlter Blätterteig
- Gewürze und Zusatzstoffe
- Salz
- Pfeffer
- Majoran

Beim Schweinefilet das Fett und das Häutchen sauber entfernen, mit Salz und Pfeffer einreiben und von allen Seiten in heißem Öl anbraten. Die Pilze werden in Scheiben geschnitten und die Schalotten fein gewürfelt. Die Pilze und Schalotten andünsten und hinterher abkühlen lassen. Nun vermengt man das Kalbsbrät, das Ei, die Pilze und Schalotten gut miteinander und schmeckt die Masse mit Salz, Pfeffer und Majoran ab. Zum Vermengen eignet sich die Küchenmaschine mit Knethaken.

Zwischenzeitlich wellt man den aufgetauten Blätterteig nach Anleitung auf der Packung aus, bestreicht ihn gleichmäßig mit der Masse, läßt aber einen Rand von 2–3 cm frei. Nun legt man die angebratene Lende darauf, rollt den Teig zusammen und verklebt die Naht. Die Rolle legt man mit der Naht nach unten auf ein mit kaltem Wasser befeuchtetes Backblech und stellt sie 15 Minuten kalt. Die Rolle kann noch mit den Teigresten verziert werden, indem man mit Ausstecherformen Motive aussticht und auf die Rolle klebt. Es ist außerdem sehr wichtig, oben in den Teig sogenannte Schornsteine zu machen. Das sind Löcher, aus denen der Dampf von der Füllmasse abziehen kann. Aus Alufolie fertigt man kleine Hülsen und steckt sie in die Löcher. Sie werden nach dem Backen wieder entfernt. Die Pastete bäckt man im vorgeheizten Backofen bei 175–200 °C etwa 60 Minuten. Auch hier sollte auf eine Kerntemperatur von 65 °C geachtet werden, die im Innern des Schweinefilets zu messen ist, das heißt, beim Einstechen ist darauf zu achten, daß das Thermometer nicht nur in die Pastetenmasse neben dem Filet gesteckt wird.

Wildpastete

Material
- 65 % Wildfleisch von Keule oder Rücken
- 5 % Champignons
- 1 % getrocknete Morcheln oder eingemachte Trüffel
- 29 % Leberpastetenmasse
- salziger Mürbteig aus 500 g Mehl

Gewürze und Zusatzstoffe
je kg Masse (ohne Leberpastetenmasse)
- 18 g Salz
- 2 g Pfeffer
- 1 g Basilikum
- 0,5 g Rosmarin
- 1 g Thymian

Zunächst weicht man die Morcheln 1 bis 2 Stunden in lauwarmem Wasser ein. Anschließend stellt man den Mürbteig her und läßt ihn etwa 2 Stunden kühl ruhen. Das Wildfleisch wird gesäubert und in Würfel von 1 cm geschnitten, mit den Gewürzen und Zutaten vermengt und in heißem Öl angebraten. Man nimmt die Fleischwürfel aus der Pfanne und läßt sie auskühlen. Die Pilze werden in Scheiben und die Morcheln in feine Würfel geschnitten. Sie werden zusammen in dem Fett gedünstet, in dem das Fleisch angebraten wurde. Die Pilze und Morcheln werden ebenfalls kühl gestellt. Nun wellt man den Mürbteig etwa 0,5 cm dick aus und legt damit eine gefettete Kastenform aus.

Die Pastetenmasse mengt man mit der Küchenmaschine und füllt sie in die ausgelegte Form. Oben verschließt man die Form ebenfalls mit einem Deckel aus Mürbteig. Die Form kann mit den Teigresten verziert werden. Auch hier braucht man die Schornsteine. Die Pastete bäckt man 20 Minuten im vorgeheizten Backofen bei 190 °C und weitere 40 Minuten bei 175 °C. Auch hier sollte die Kerntemperatur gemessen werden. Man schaltet danach den Ofen ab und läßt die Form noch 20 Minuten in der Backröhre. Hinterher stürzt man die Pastete vorsichtig aus der Form und läßt sie auskühlen.

Die Pastete mit dem Mürbteigmantel schmeckt zwar vorzüglich, kann aber beim Aufschneiden zerkrümeln. Sie ist weniger empfindlich, wenn man sie in einer flacheren Form, beispielsweise in einer Springform bäckt und wie Tortenstücke aufschneidet. Die Form kann auch anstelle von Teig mit Speckscheiben ausgelegt und im Wasserbad gegart werden. Sie kann auch in einen Blätterteigmantel wie die Filetpastete gerollt werden.

Sülzen

Sülzen

Sülzen zählen nicht eigentlich zu den Würsten. Sie werden hier aufgenommen, um zum einen noch ein paar weitere schmackhafte Rezepte anzubieten. Zum anderen kann mit Sülzen ein Effekt für das Auge geschaffen werden wie mit keiner anderen Wurstsorte. Ein weiterer wichtiger Aspekt liegt darin, daß Sülzen aus ernährungsphysiologischer Sicht gut verträglich sind und sehr fettarm hergestellt werden können. Sehr gut eignet sich auch Fleisch von Geflügel, Kalb, Zicklein. Außerdem wird oft Gemüse wie Karotten, Sellerie, Gurken mitverarbeitet. Aspik besteht größtenteils aus Wasser; die Gelatine ist mineralstoff- und eiweißreich.

Grundmaterial und Herstellung

Wie der Name sagt, wird hier mit Sülze (Aspik) gearbeitet. Das Aspik, auch Gelee genannt, wird aus Fleischbrühe (Knochen, Schwarten) oder mit Aspikpulver (Gelatine) hergestellt. Knochenbrühe hat den Vorteil, daß sie kräftiger schmeckt, sie ist aber leicht trüb. Brühe mit Aspikpulver oder Gelatine ist für das Auge schöner, da sie heller ausklart; außerdem ist sie viel schneller und einfacher herzustellen. Bei der Herstellung von Sülzen sollte in erster Linie darauf geachtet werden, daß sie kräftig und würzig schmecken. Zusätzlich kann die Oberfläche der Sülze garniert werden, was natürlich oft mit sehr viel Arbeitsaufwand verbunden ist.

Bei den Sülzen gibt es in der Regel nur zwei Varianten der Herstellung. Entweder man stellt Portionssülzen im Teller oder in kleinen Schalen her oder man nimmt eine größere Form und schneidet die Sülze nach dem Erkalten in Scheiben.

Sämtliche Fleischarten werden gekocht, sauber von Knochen, Knorpeln und Häuten geputzt und zu Würfeln geschnitten.

Es können ebenso Kochschinkenabschnitte, Kasseler, Wurstabschnitte von Roh- und Brühwürsten verwendet werden. Dabei werden zum Beispiel Wiener Würstchen, Knackwürste, Rohpolnische in Scheibchen von etwa 0,5 cm geschnitten. Brühwurst wird wie Wurstsalat zu Streifen geschnitten. Es können Essiggurken, Paprikastücke, gekochte Eierscheiben, Pistazien, Pilze, gekochte Möhren und vieles mehr zugegeben werden. Werden diese Zutaten gemischt, wird die Sülze hinterher schön bunt. Man sollte aber darauf achten, daß das Material geschmacklich und farblich zusammenpaßt.

Bei Sülzen ohne Garnierung ist die Herstellung sehr einfach. Man nimmt das Material in der gewünschten Form (Würfel, Scheiben, ganze Teile), legt oder schüttet sie in die Form (Kastenform, Teller), ebnet sie gut ein, gießt sie mit flüssigem Aspik aus und läßt sie erkalten. Danach stürzt man die Form auf einen Teller. Tellersülzen läßt man in der Regel im Teller.

Herstellung von Aspik

Natürliches Aspik

Man nimmt etwa 3 kg Schweinefüßchen (Spitzbeine) und Schwarten und wässert diese gut. Anschließend kommt das Material unter Zugabe von 6–8 Pfefferkörnern, 3 Lorbeerblättern, 1 Karotte, etwas Sellerie in einen Topf. Man gibt etwa 3 Liter Wasser dazu. Die Knochen und die Schwarten müssen gut bedeckt sein. Das ganze kocht man etwa drei Stunden bei schwacher Hitze. Anschließend wird die Brühe durch ein Sieb gegossen. Die Brühe läßt man erkalten und zieht den Fettdeckel ab. Ist das Aspik nun zu fest, verdünnt man es mit etwas Wasser, ist es zu weich, kocht man es weiter ein. Will man klares und durchsichtiges Aspik, gibt man der kochenden und entfetteten Brühe leicht verschlagenes Eiweiß von drei bis fünf Eiern zu. Man läßt die Brühe unter Rühren etwa 10 Minuten leicht kochen. Danach wird das Eiweiß abgefiltert. Dadurch werden die Trübungsstoffe gebunden. Anschließend gibt man pro Liter noch 10 g Salz und etwas Essig zu. Das ist nicht nur wegen des Geschmacks, sondern auch zur Konservierung sehr wichtig.

Aspik mit Aspikpulver

Einfacher und viel schneller herzustellen ist Aspik mit Aspikpulver. Man rührt 30–40 g Aspikpulver in 1 Liter etwa 80 °C heißes Wasser oder Fleischbrühe ein. Außerdem gibt man pro Liter Wasser 10 g Salz, 1 g Pfeffer und etwas Essig dazu. Man kann auch mit einem Glas Sherry abschmecken.

Aspik mit Gelatine

Will man glasklares Aspik herstellen, so ist Gelatine, wie man sie für Süßspeisen verwendet, die beste Lösung. Man weicht für ein Liter Aspik 12 bis 15 Blätter Gelatine etwa vier Minuten vollständig in kaltem Wasser ein. Danach drückt man sie aus und rührt sie in 60 bis 70 °C heißes Wasser ein, bis sie völlig aufgelöst sind. Danach gibt man pro Liter Aspik noch 10 g Salz, 1 g Pfeffer und etwas Zitronensaft dazu.

Garnierung von Sülzen

Wie oben bereits erwähnt, sollte die Sülze in erster Linie gut schmecken. Sie kann aber auch im Aussehen entsprechend gestaltet werden. Dabei wird die Oberseite der Sülze mit der Garnierung versehen. Das eigentliche Füllgut liegt darunter.

Als Garnierung werden Teile von Mixed Pickles, Scheibchen von kleinen Pilzen, Eierscheiben, Pistazien, Tomatenscheibchen, Trüffeln, Olivenscheiben (gefüllt), auch Blätter von Feldsalat, Petersilie, Kresse und vieles mehr verwendet. Im Prinzip sind die Rohstoffe ähnlich den oben beschriebenen. Es ist aber sehr darauf zu achten, daß die Garnierung nur eine Stärke von maximal 3–4 mm hat. Also kommen Fleisch und Wurst als Garnierung nicht in Würfeln, sondern immer nur als Scheibchen in Frage.

Tellersülzen oder andere Sülzen, die nicht gestürzt werden sollen, werden nach dem Befüllen nach Belieben garniert und zuletzt mit soviel Aspik übergossen, bis sämtliche Garnierungen eingegossen sind.

Komplizierter wird das Garnieren größerer Sülzen. Diese Sülzen werden in der Regel nach dem Erkalten gestürzt. Das heißt, der Boden der Form ist nachher oben. Deshalb muß die Garnierung am Boden erfolgen. Die Garnierung soll so dünn wie möglich sein, weil sie in erster Linie fürs Auge ist, man sollte aber bei der Auswahl der Garnierung auch darauf achten, daß sie, so dünn sie auch sein mag, geschmacklich zum Inhalt paßt.

Beim Garnieren wird mit einer klaren Schicht Aspik begonnen. Man gießt dazu etwa 1–2 mm Aspik in die Form und stellt sie kühl. Erst nach völligem Erkalten legt man die Garnierung auf die bereits fest gewordene Schicht. Die Garnierstoffe müssen dabei „angeklebt" werden, sonst schwimmen sie beim weiteren Befüllen der Form weg. Dazu nimmt man für jedes Garniturteilchen einen Tupfer flüssiges Aspik. Nun gießt man die Form so weit mit flüssigem Aspik auf, daß sämtliche Garnierungen gerade bedeckt sind und stellt die Form wieder kühl bis das Aspik fest ist. Dann kann die Form wie bei Sülzen ohne Garnierung aufgefüllt werden.

Nach dem Erkalten werden diese Sülzen aus der Form gestürzt. Da die Sülzen oft fest in der Form sitzen und sich nicht leicht stürzen lassen, braucht man einen Topf mit sehr heißem Wasser. Daneben stellt man die Platte, auf die die Sülze gestürzt werden soll. Sie wird mit kaltem Wasser befeuchtet, damit die gestürzte Sülze nicht anklebt. Zunächst löst man den Rand der Sülze oben mit einem schmalen Messer von der Form. Dann taucht man die Form mit der Sülze in das heiße Wasser bis fast unter den Rand. Es darf natürlich kein heißes Wasser in die Form laufen. Das Eintauchen muß mit Fingerspitzengefühl erfolgen. Lieber öfter die Form in das heiße Wasser tauchen und das Stürzen probieren, denn bei zu langem Eintauchen weicht die Sülze auf.

Rezepte für Sülzen

Hausmacher-Sülze

- Material
- 700 g Kochschinken am Stück oder Kasseler
- 700 g Schweinehals
- 4 mittlere Karotten
- 6–8 mittlere Essiggurken
- 1 halbe Sellerieknolle
- Gewürze und Zusatzstoffe
- je kg Fleischmasse
- 18 g Kochsalz (Vorsicht, Kochschinken ist bereits gesalzen)
- 2,5 g Pfeffer, weiß, gemahlen
- etwas Fleischwürze

Den Schweinehals, die Karotten und die Sellerieknolle bei schwacher Hitze gar kochen. Bei den Karotten und dem Sellerie muß man darauf achten, daß sie nicht verkochen. Karotten und Sellerie abkühlen. Das gesamte Material in Würfel von etwa 0,5 cm schneiden, mit den Gewürzen gut vermengen und einige Stunden kühlstellen. Aspik nach einer der oben beschriebenen Methoden herstellen. Dazu die Fleischbrühe verwenden. Nun kommt das gesamte Material in eine Form und wird mit Aspik übergossen. Die Form kommt für 12 bis 15 Stunden in den Kühlschrank. Danach kann sie gestürzt und in Scheiben geschnitten werden.

In diesem Rezept wird Kochschinken oder Kasseler verwendet, weil dieses Fleisch gepökelt ist und mit seiner rötlichen Farbe einen wunderbaren Kontrast zum Schweinehals bildet. Ebenso kann nur Schweinehals oder Fleisch von Geflügel, Kaninchen, Zicklein oder Lämmern verwendet werden. Die Oberfläche kann garniert werden.

Schweinskopfsülze

- Material
- 1 Schweinekopf, in der Mitte aufgehackt, ohne Backe
- 4 Schweinefüßchen
- 3–4 Essiggurken
- Gewürze und Zusatzstoffe
- je kg Fleischmasse
- 18 g Kochsalz
- 2 g Pfeffer, weiß, gemahlen
- 0,25 g Piment
- Gewürze und Zusatzstoffe
- je l Fleischbrühe
- 10 g Kochsalz
- 2–3 Pfefferkörner
- 1 Lorbeerblatt
- ⅛ l Essig
- 1 g Zucker

Zunächst werden der Schweinskopf und die Füßchen in kaltem Wasser zwei bis drei Stunden gewässert. Anschließend wird dieses Material gekocht. Es ist darauf zu achten, daß der Kopf und die Füßchen ganz mit Wasser bedeckt sind (etwa drei Liter). Gleich zu Beginn werden die Pfefferkörner und die Lorbeerblätter der Fleischbrühe zugegeben. Beim Kochen fängt die Brühe an zu schäumen. Dieser Schaum wird abgeschöpft. Wenn sich das Fleisch gut von den Knochen löst (nach etwa 1,5 bis 2 Stun-

Sülzen

den), wird der Kopf ausgebeint und das abgebeinte Fleisch nach Knochensplittern durchsucht. Dabei werden Knochen, Knorpel, blutige Teile und Sehnen sauber entfernt, ebenso Teile von Fett.

Das Fleisch schneidet man in Würfel, die Gurken in Streifen. Anschließend vermengt man das Material in einer Schüssel mit den Gewürzen und läßt es ziehen. Nun verteilt man das vorgewürzte Material in Suppen- oder Glasteller und begießt es mit dem Aspik. Vor dem Eingießen das Aspik abseihen und erkalten lassen, damit man sieht, ob es schön geliert. Andernfalls, wie oben beschrieben, verdünnen oder einkochen. Auch hier kann die Tellersülze noch garniert werden. Vor dem Eingießen gibt man dem Aspik noch das Salz, den Zucker und den Essig zu.

Bauernsülze

- Material
- 1 kg Schweinehals
- 1 größere Möhre
- 1–2 gekochte Eier
- 5–7 kleinere Essiggurken
- zur Herstellung von natürlichem Aspik:
- 2–3 kg Schweinefüßchen
- Gewürze und Zusatzstoffe
- je Liter Fleischbrühe
- 10 g Kochsalz
- 2–3 Pfefferkörner
- 1 Lorbeerblatt

Sülzen

Der Hals (und die Schweinefüßchen) werden im Kochtopf gekocht (etwa 1,5 Stunden). Dabei werden dem Wasser gleich zu Beginn die Gewürze zugegeben. Die Möhre wird ebenfalls in der Brühe gegart, aber nach der Garzeit herausgenommen, damit sie nicht verkocht. Man läßt das Fleisch auskühlen, schneidet es dann in Scheiben von etwa 1,5 cm und legt sie in Suppenteller. Diese Fleischscheiben werden mit Möhren, Eischeiben und Gurken garniert und mit Aspik ausgegossen.

Wurstsülze

Material
1 kg verschiedene Wurstabschnitte
3–4 Essiggurken
etwas rote Paprika, in Streifen geschnitten

In der Regel werden Abschnitte von Aufschnitt (zum Beispiel Lyoner, Schinkenwurst, Fleischkäse und ähnliche Wurstarten) verwendet. Auch Bierwurst, gekochter Schinken, etwas Blutwurst kann zugegeben werden. Dadurch erzielt man einen schönen Farbkontrast. Das gesamte Material wird in Würfel von etwa 1 cm oder in Streifen geschnitten, in eine Kastenform oder in Teller gefüllt und eingeebnet und mit natürlichem oder künstlichem Aspik übergossen.

Eisbein in Aspik (Vesperfleisch)

Material
Normalerweise verwendet man, wie es der Name schon sagt, die Eisbeine vom Schwein. Es können genauso gut sämtliche anderen Fleischabschnitte vom Schwein verwendet werden. Auch Fleisch von jüngerem Geflügel, Kaninchen, jüngeren Schafen oder Ziegen und Kälbern kann zu Vesperfleisch verarbeitet werden.
Gewürze und Zusatzstoffe
je kg Fleisch
13 g Nitritpökelsalz (oder Kochsalz)
2 g Pfeffer, weiß gemahlen

Herstellung der Fleischbrühe. Man verwendet dazu Schweineknochen (Rohrknochen, Schaufel, Schloßknochen). Es sollten unbedingt Spitzbeine (untere Füße) mitverwendet werden. Sie gelieren sehr gut. Diese Knochen werden sehr dicht in einen Topf gesetzt. Er wird mit Wasser so weit aufgefüllt, daß die Knochen gerade noch bedeckt sind. Anschließend werden die Knochen gekocht, bis sich das Fleisch gut von den Knochen löst. Möglicherweise muß man während des Kochens etwas Wasser nachschütten, aber auf keinen Fall zuviel, da sonst das Aspik nicht fest wird. Sind die Knochen gar, werden sie aus der Fleischbrühe genommen, man gießt die Brühe im Anschluß daran noch durch ein Haarsieb, dann wird sie zum Auskühlen weggestellt. Es ist wichtig, daß diese Fleischbrühe sehr schnell auskühlt, damit sie nicht sauer wird. Von Vorteil ist es, wenn ein Gefäß mit großer Oberfläche verwendet wird. In einer Alu- oder Edelstahlschüssel kühlt die Brühe schneller aus als in einem Plastikgefäß.

Sülzen

Das Gefäß darf auf keinen Fall zugedeckt werden. Auf der Fleischbrühe bildet sich während des Kühlprozesses ein Fettdeckel, der nach dem Abkühlen abgezogen werden kann.

Herstellung der Konserven. Das vorgeschnittene oben beschriebene Material wird mit den Gewürzen gut vermengt und einen Tag kühlgestellt. Anschließend werden die Dosen oder Gläser mit dem Fleisch gefüllt. Da die Brühe sulzig ist, wird sie leicht erwärmt. Sollte die Fleischbrühe nicht sulzig geworden sein, kann Aspikpulver zugegeben werden. Dazu wird die Fleischbrühe fast aufgekocht (bis etwa 90 °C) und etwa 20–30 g Aspikpulver pro Liter Fleischbrühe eingerührt bis es sich vollständig aufgelöst hat. Nun werden in den Dosen oder Gläsern die Hohlräume mit der Brühe aufgefüllt. Man nimmt am besten einen Rührlöffel und sticht damit an der Seite des Glases bzw. der Dose bis auf den Boden, damit die Luft entweichen kann. Wenn es erforderlich ist, wird nochmals Fleischbrühe nachgeschüttet. Die weitere Behandlung ist dem Kapitel „Verarbeitung der Wurstmasse in Konserven" zu entnehmen. Eisbein in Aspik wird von Feinschmeckern zum Vesper sehr geschätzt.

Salzen oder Pökeln

Salzen oder Pökeln

Unter Salzen oder Pökeln versteht man das Haltbarmachen von Fleisch durch die Einwirkung von Salz. Dabei spricht man bei der Verwendung von Kochsalz in der Regel von Salzen. Wird Nitritpökelsalz eingesetzt, spricht man von Pökeln. Der Arbeitsvorgang und die Wirkung sind gleich. Man sollte sich im folgenden Text also nicht verwirren lassen, wenn einmal von Salzen und einmal von Pökeln gesprochen wird. Wie bereits an anderer Stelle erwähnt, findet bei der Pökelung ein Umrötungsprozeß statt. In der Fleischerei wird in der Regel aus Gründen des Umrötens nur mit Nitritpökelsalz gearbeitet. Im Privathaushalt kann man durchaus Kochsalz verwenden.

Das eingesalzene Fleisch ist ohne Folgebehandlung noch nicht genießbar. Erst durch Räuchern, Lufttrocknen oder Garen wird das Fleisch für den Verzehr geeignet. Lufttrocknen ist in unserem Klima so gut wie unmöglich.

Beim Salzen werden in der Regel drei verschiedene Methoden unterschieden: die Trockenpökelung, die Naßpökelung und die Schnellpökelung. Es können nach Belieben noch Gewürze oder Zusatzstoffe mit eingesetzt werden, um den Geschmack abzurunden. Man sollte aber darauf achten, daß diese Stoffe nicht zu sehr dominieren. Auf die näheren Einzelheiten wird bei den einzelnen Rezepten eingegangen.

Rohpökelwaren

Sie werden durch Salzen und Räuchern hergestellt. Hier unterscheidet man das Trocken- und das Naßpökeln. Vor allem rohe Schinken werden auf diese Weise hergestellt.

Einsalzen von Fleischstücken für die Schinkenherstellung.

Roher Schinken wird in der Regel von Schweinefleisch hergestellt. Dabei werden so gut wie alle Fleischteile von Schlegel und Schulter verwendet. Aber auch der Hals eignet sich sehr gut. Kotelettstücke können ebenfalls gesalzen und geräuchert werden. Sie sind aber sehr mager und deshalb oft auch trocken. Die Fleischteile sollten annähernd die gleiche Größe haben, da sich die Pökeldauer danach richtet. An den Fleischstücken von Schlegel und Schulter kann Speck und Schwarte belassen werden. Sehr wichtig ist, daß das Fleisch sauber ausgebeint und zugeschnitten ist. Es dürfen keine Löcher oder Schnitte im Fleisch sein. Am besten läßt man das

Salzen oder Pökeln

Fleisch beim Kauf von einem Fachmann ausbeinen und zuschneiden und erklärt, daß das Fleisch für die Schinkenherstellung benötigt wird. Das Fleisch sollte zwischen dem dritten und fünften Tag nach der Schlachtung eingesalzen werden. Wichtig ist ebenso, daß das Fleisch vor dem Einsalzen immer gut gekühlt wird, vor allem auch beim Transport.

Außer Schweinefleisch kann Fleisch von Rind, Reh, Wildschwein, Schaf und Ziege verwendet werden. Hierbei sollte man sich auf Teile von Schlegel und Schulter beschränken. Außerdem darf das Fleisch nicht von zu jungen Tieren stammen (Faustregel: mindestens einjährige Tiere). Bei Wild muß besonders darauf geachtet werden, daß das Fleisch nicht blutig ist und beim Abschuß durch Kot verunreinigt wurde.

Rohschinken (Geräucherter Schinken) Naßpökelung

Es werden Fleischstücke, wie oben genannt, verwendet. Das Fleisch wird eingesalzen. Dazu benötigt man ein Gefäß (Plastikeimer oder spezieller Pökelbottich). Der Durchmesser des Gefäßes sollte ungefähr auf die Fleischmenge abgestimmt sein. So sollte für drei Fleischstücke nicht ein Gefäß mit 50 cm Durchmesser genommen werden, da man sonst zu viel Lake benötigt. Das Gefäß wird gründlich ausgewaschen. Nun streut man auf den Boden etwas Salz, eine Schicht Fleisch wird satt hineingelegt. Dann wird wieder etwas Salz darübergestreut und es folgt die nächste Schicht Fleisch, die ebenfalls satt hineingelegt wird, dieser Vorgang wird wiederholt, bis alles Fleisch eingesalzen ist.

Nun wird die Lake hergestellt. Wurde das Fleisch mit Kochsalz eingesalzen, wird die Lake ebenfalls mit Kochsalz angerührt. Das gleiche gilt für Pökelsalz. Als Lake bezeichnet man eine Mischung aus Wasser und Salz. Die Mischung wird solange gerührt, bis sich das Salz vollständig aufgelöst hat. Der Lakemesser schwimmt in der Lake und damit kann die Salzkonzentration abgelesen werden. Nun muß solange mit Salz oder Wasser ausgeglichen werden, bis die Konzentration stimmt, das heißt in diesem Fall bis 10 Grad erreicht sind.

Die Lake wird kurz aufgekocht und hinterher wieder völlig abgekühlt. Beim Kochen können je nach Geschmack Gewürze wie Pfefferkörner, Wacholderbeeren, Lorbeerblätter, Knoblauch oder Zwiebeln zugegeben werden. Diese Gewürze werden hinterher abgesiebt. Die abgekühlte Lake wird über das Fleisch gegossen, so daß sämtliche Fleischstücke unter Wasser liegen. Der Pökelbottich wird kühl gestellt (etwa 5–8 °C). Es muß immer wieder kontrolliert werden, ob die Lake noch gut riecht und nicht trüb ist. Im Bedarfsfall Lake vollständig abschütten und neue herstellen. Beim Abschütten liegt das Fleisch oft so dicht am Pökelgefäß, so daß die alte Lake nicht restlos abläuft. Darauf muß unbedingt geachtet werden.

Fleischstücke mit einem Gewicht von etwa 1,3–1,8 kg brauchen etwa vier

Salzen oder Pökeln

Wochen bis sie durchgesalzen sind. Das Fleisch kommt dann aus dem Pökelgefäß und wird abgewaschen. Falls es nötig ist, das muß jeder nach seinem Geschmack selbst herausfinden, wird es einige Stunden bis zu einem halben Tag in kaltem Wasser gewässert, damit es weniger salzig ist. Nun wird durch jedes Fleischstück ein Bindfaden (Wurstgarn) gezogen und das Fleisch wird im Räucherschrank aufgehängt. Auch Fleischhaken können dafür verwendet werden. Im Räucherschrank läßt man das Fleisch ohne Einwirkung von Rauch einen Tag trocknen.

Rohschinken wird kaltgeräuchert (siehe Seite 57). Die Räucherdauer beträgt acht bis zehn Tage. Die Stücke müssen öfter umgehängt werden, damit sie gleichmäßig räuchern. Die Farbe sollte goldgelb bis bräunlich und nicht grau oder schwarz sein. Der Schinken hat, bis er fertig geräuchert und zwei Wochen abgehängt ist, durch Trocknen einen Gewichtsverlust von 30–40 %.

Durch falsches Räuchern oder Lagern (zu heiß oder zu viel Zugluft), kann der Schinken nicht mehr atmen, das Wasser kann aus dem Fleisch nicht austreten und der Schinken beginnt zu schimmeln. Sollte das vorkommen, wird der Schinken abgewaschen, nochmals einen Tag leicht geräuchert und sofort verzehrt oder nach einem Tag eingefroren. Er darf nicht mehr an der Luft gelagert werden.

Geräucherter Schweinebauch Naßpökelung

Wie der Name sagt, werden hier Stücke vom Schweinebauch gesalzen und geräuchert. Geräucherter Schweinebauch kann vielseitig verwendet werden. Er ist roh und gekocht eine Delikatesse und beim Kochen vielseitig verwendbar. Beim Einkauf sollte sehr darauf geachtet werden, daß zum einen der Bauch nicht zu fett ist; zum andern braucht der Bauch eine bestimmte Stärke (7–8 cm), sonst ist nach dem Räuchern durch den Gewichtsverlust nichts mehr da. Man sollte zudem darum bitten, daß der Griff und die Brustspitze entfernt werden. Der Griff ist der weiche Teil des Bauchs, die Brustspitze hat keine Schwarte und ist oft blutig. Auf Wunsch werden auch die Rippen entfernt. Man kann sie auch abschälen, dann können sie zu Schälrippchen verwendet werden.

Der Bauch wird wie Rohschinken weiterverarbeitet. Man muß mit dem Salz aber vorsichtig umgehen, da die Fleischstücke dünner sind. Die Pökeldauer beträgt etwa zwei Wochen. Die Lakestärke sollte um 7–8 Grad liegen.

Rohschinken, Geräucherter Bauch Trockenpökelung

Hier werden die Fleischstücke ohne Lake gepökelt. Man verwendet pro Kilogramm Fleisch etwa 30–40 g Nitritpökelsalz oder Kochsalz und einen Teelöffel Zucker. Nach Wunsch können auch 3 g Pfeffer, etwas Koriander oder andere Gewürze zugegeben werden. Sind die Schinkenstücke gleich groß, legt man das Fleisch in eine Wanne, schüttet die Gewürzmischung darüber und vermengt die Stücke so lange, bis das Salz und die Gewürze restlos am Fleisch kleben. Bei Fleischstücken unterschiedlicher Größe müssen stärkere Stücke kräftiger eingerieben werden als dünnere. Besonders muß auf Fleischstücke mit Schwarte geachtet werden. An der Schwarte haftet das Salz nicht so gut und es durchdringt sie auch nicht so leicht. Sind die Stücke eingesalzen, setzt man sie sehr dicht, ohne größere Hohlräume, in den Pökelbottich. Zwischen die Schichten können ein paar Zwiebelringe und etwas fein gehackter Knoblauch gestreut werden. Auf die oberste Schicht Fleisch kann ein Deckel gelegt werden. Dieser wird mit einem sauberen, ausgekochten Stein beschwert. Das Fleisch wird alle zwei bis drei Tage aus dem Gefäß geräumt und umgeschichtet. Dann legt man die unteren Stücke nach oben und umgekehrt. Dadurch ziehen die Fleischstücke schön gleichmäßig durch. Dünnere Stücke (Bäuche) sind nach etwa zehn Tagen, dickere Stücke nach etwa drei Wochen durchgepökelt. Beim Trockensalzen bildet sich etwas Brühe, die sogenannte Eigenlake. Sie bleibt im Gefäß. Ist die Pökeldauer abgelaufen, schüttet man diese Lake weg und läßt das Fleisch noch 3 bis 4 Tage im Gefäß liegen. So gleicht sich die Salzschärfe aus. Man spricht hier auch vom „Durchbrennen". Danach wird das Fleisch gründlich abgewaschen und kann ebenfalls nach Wunsch wie bei der Naßpökelung noch ein paar Stunden bis zu einem halben Tag gewässert werden. Der weitere Ablauf ist wie bei der Naßpökelung.

Kochpökelwaren

Kochpökelwaren stellt man durch Salzen (Pökeln) und Garen bestimmter Fleischteile, in der Regel vom Schwein, her. Putenfleisch kann ebenfalls so behandelt werden. Andere Fleischwaren haben so gut wie keine Bedeutung. Bei Kochpökelwaren wird das Trockensalzen kaum angewendet. Hauptbedeutung hat die Schnellpökelung. Wird diese Methode nicht angewandt, kann auch naßgepökelt werden.

Bei der Schnellpökelung wird ebenfalls mit Pökellake gearbeitet (Salz und Wasser). Die Pökeldauer wird hier enorm verkürzt. Der Schinken, der nach der oben beschriebenen Methode etwa vier Wochen benötigt, ist bei Schnellpökelung in drei Tagen durchgesalzen. Dieses Verfahren vermindert aber die Haltbarkeit. Deshalb ist die Schnellpökelung nicht für Rohschinken geeignet.

Die Lake wird mit der Lakespritze in das Innere der Fleischstücke gespritzt. Man spricht auch vom „Muskelspritzverfahren". Wichtig ist dabei, daß mit der Nadel jede Stelle im Fleischstück erfaßt wird. Gewöhnlich sticht man mit der Nadel im Abstand von etwa 4 cm quer zu den Fasern ein. Während man die Lake einspritzt, zieht man die Spritze langsam zurück.

Es ist sehr zu empfehlen, die Pökelung der Fleischstücke mit der Waage zu kontrollieren. Die Lakemenge, die in die Fleischstücke gespritzt wird, sollte etwa 10–12 %

Salzen oder Pökeln

Spritzen von Rippchen mit der Lakespritze

des Fleischgewichts betragen. Ist die Lakemenge zu niedrig, wird ein vollständiges Durchpökeln oft nicht erreicht. Andererseits zerreißen bei zu hoher Lakemenge die Muskeln im Fleischstück. Es sollte beachtet werden, daß keine Luft mit eingespritzt wird. Das gibt nachher graue Flecken. Der gleiche negative Effekt entsteht, wenn nicht überall gespritzt wurde. Die grauen Flecken bilden sich aber nur bei Verwendung von Nitritpökelsalz. Zum Spritzen legt man die Stücke am besten in eine flache Schüssel oder auf den Spültisch und sticht alle 4 cm parallel zum Tisch ein. Ist das Fleischstück länger als die Spritznadel, muß von beiden Seiten gespritzt werden.

Sind die Fleischteile gespritzt, werden sie in ein Pökelgefäß gelegt und kühlgestellt. Das Gefäß wird mit Lake derselben Stärke (Gradzahl) soweit aufgefüllt, daß sämtliche Fleischstücke vollständig in der Lake liegen. Sollte das nicht möglich sein, müssen die Fleischteile mindestens zweimal täglich gewendet werden. Es ist möglich, der Lake noch Geschmacksverstärker (Glutamat) zuzugeben. Dadurch wird der Geschmack am Endprodukt verfeinert. Mit Naturgewürzen bringt man das nicht hin.

Kochschinken

Zur Herstellung von Kochschinken können Schweineschlegel und Schweineschultern oder Teilstücke davon verwendet werden. Auch ein ausgebeinter Schweinehals oder Fleisch von der Putenkeule ist

Salzen oder Pökeln

Salzen oder Pökeln

geeignet. In der Fleischerei nimmt man die Ober- und Unterschale am Stück. Das ist dem Hobbywurster nicht zu empfehlen. Das Stück ist zu groß. Die Stücke läßt man sich am besten vom Metzger sauber zuschneiden. Speck und Schwarten können am Fleisch bleiben. In der Regel werden sie aber abgetrennt. Wird die Schweineschulter gesalzen, spricht man vom Vorderschinken.

Die Lake sollte eine Stärke von 10 Grad haben. Nach dem Spritzen kommen die Schinkenstücke in den Pökelbottich und werden mit Lake der gleichen Stärke übergossen. Nach drei Tagen sind die Schinken, wenn richtig gespritzt wurde, gut und gleichmäßig durchgezogen. Nun werden sie gegart. Dazu werden die Stücke in eine Kochschinkenform gelegt, der Deckel kommt auf die Form und das Fleischstück wird angepreßt. Das muß mit Fingerspitzengefühl geschehen, denn wenn zu leicht gepreßt wird, bekommt das Fleischstück nicht die gewünschte Form, wird auf der anderen Seite zu stark gepreßt, drückt man unnötig Saft aus dem Fleisch, und der Schinken ist nach dem Kochen trocken. Nun gibt man etwas Salz (und Geschmacksverstärker) in die geschlossene Form und füllt die Form mit heißem Wasser bis 2 cm unter den Rand auf. Dadurch wird das Salz aufgelöst. Wird nur Wasser, also kein Salz, in die Form gegeben, so zieht während des Garens das Salz aus dem Fleisch und das Fertigprodukt wird fade. Nun kommt die Form in den Einkochtopf. Der Topf wird ebenfalls bis 2 cm unter den Formrand mit heißem Wasser aufgefüllt. Der Schinken wird bei etwa 80 °C zwei bis vier Stunden gegart, je nach Größe des Fleischstücks. Es ist zu empfehlen, mit dem Fleischthermometer die Kerntemperatur zu kontrollieren. Sie sollte bei 65–68 °C liegen. Nach dem Garen bleibt der Schinken

bis zum völligen Erkalten in der Form mit Wasser und Salz. Die Form sollte in kaltes Wasser oder in einen kühlen Raum gestellt werden. Anstelle der Kochschinkenform kann auch eine größere Einkochdose verwendet werden. Das ist zwar billiger, aber man bekommt nicht die schöne Form.

Kochschinken kann vor dem Garen auch heiß angeräuchert werden, das mag durchaus den Geschmack verfeinern, auf gar keinen Fall darf man aber zu stark räuchern, da sonst hinterher der Rauchgeschmack dominiert, das Fleisch austrocknet und der Schinken nachdunkelt.

Gekochte Rippchen, Kasseler

Für gekochte Rippchen werden unausgebeinte Kotelettstücke vom Schwein verwendet. Beim Einkauf läßt man sich die Koteletts am Stück geben. Vorher mißt man die Länge der Kochschinkenform und richtet sich bei der Menge danach. Bevorzugt sollte das Kotelettstück mit Stiel gekauft werden. Unter Kassler versteht man

Salzen oder Pökeln

ausgebeinte Koteletts. Wer durchwachsene Stücke liebt, sollte Schweinehals mit Knochen besorgen. Beim Abkochen der Rippchen sollte man unbedingt eine Kochschinkenform haben, da sie sich sonst verformen (rollen). Man sollte möglichst eine runde Form haben. Dann wird die Fleischseite des Koteletts (runde Seite) nach unten gelegt. Diese runde Seite paßt genau in die Mulde der Form. Die Knochenseite wird mit dem Deckel nach unten gepreßt. Alles weitere wie bei der Herstellung von Kochschinken. Die Garzeit beträgt etwa zweieinhalb Stunden. Wie beim gekochten Schinken sollte ebenfalls die Kerntemperatur gemessen werden.

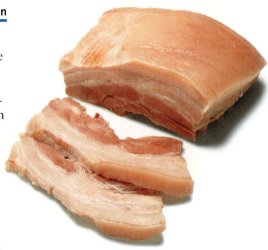

Gekochter Schweinebauch

Es werden Fleischstücke verwendet wie zu Geräuchertem Schweinebauch. Die Stücke werden mit zehngradiger Lake gespritzt und zwei Tage in Lake gleicher Stärke gelegt. Danach wird der Bauch bei 80–85 °C etwa 90 bis 150 Minuten gekocht. Beim Kochen sollte dem Wasser etwas Salz zugegeben werden. Der Bauch kann warm oder kalt gegessen werden.

Gegrillter Schweinebauch

Fleischstücke wie oben. Der Schweinebauch wird mit sechsgradiger Lake gespritzt und anschließend zwei Tage in dieselbe Lake gelegt. Anschließend läßt man den Bauch abtropfen und schneidet die Schwarte mit einem scharfen Messer im Abstand von 1 cm ein. Dadurch läßt sich das Fleischstück nach dem Grillen besser in Scheiben schneiden, da die Schwarte durch das Grillen hart wird. Nun reibt man das Fleischstück mit Grillgewürz (zum Beispiel Brathähnchengewürz) nicht zu stark ein. Der Bauch wird dann einen Tag kühl aufbewahrt. Anschließend wird er im Backofen bei 175 bis 200 °C in einem hohen Backblech gegrillt. In das Blech kommt etwas Wasser, damit der Bauch zum einen nicht anbrennt und zum anderen nicht austrocknet. Die Garzeit beträgt etwa eineinhalb bis zwei Stunden. Während des Grillens muß der Bauch mehrmals gewendet werden. Die letzte halbe Stunde gießt man mehrmals etwas Bier über das Fleischstück.

Salzen oder Pökeln

Dadurch wird das Aroma verbessert und die Farbe wird intensiver. Auch dieser Bauch kann kalt oder warm gegessen werden. Aus der Brühe kann eine schmackhafte Soße hergestellt werden.

Gepökelte Schälrippchen, Eisbeine, gekocht

Man kauft dazu Schälrippchen oder Eisbeine. Die Schälrippchen läßt man in 10 cm große Stückchen sägen, die Eisbeine in Scheiben von 3–4 cm. Diese Teile legt man drei bis vier Tage in eine Lake von 8 Grad. Anschließend werden sie in einem Topf mit Salzwasser gekocht bis sie gar sind (etwa 30 Minuten bis 1 Stunde). Beim Kochen wird dem Wasser ebenfalls etwas Salz zugegeben.

Schälrippchen in der Lake

Gepökelte Schälrippchen, Eisbeine, gegrillt

Man verwendet die gleichen Knochen wie oben beschrieben. Sie werden in eine Lake mit einer Stärke von 4–5 Grad gelegt. Nach drei bis vier Tagen werden sie vorsichtig mit Grillgewürz eingerieben und bei 150 °C je nach Größe etwa 30 bis 60 Minuten gegrillt.

Kleines Lexikon der Wurstmacherei

Aspik	Gelee, natürlich hergestellt mit Knochen und Schwarten oder künstlich hergestellt mit Aspikpulver oder Gelatine
Atmen	stetiger Feuchtigkeitsaustritt bei der Reifung von schnittfester Rohwurst oder rohem Schinken
Aufschnitt	Allgemeinbegriff für aufgeschnittene Wurst, in der Umgangssprache Ausdruck für Brühwurst
Bindemittel	siehe Kutterhilfsmittel
Bindung	Kleben der zerkleinerten Teile bei der Wurstmasse
Blitz	siehe Kutter
Brät	Wurstmasse allgemein, noch nicht gegarte Brühwurstmasse
Bratdarm	Dünndarm vom Schwein
Brühen	Garmethode in einem Temperaturbereich von 60–90 °C im heißen Wasser oder Kochschrank
Brühwurst	Wurstsorten aus rohem, zerkleinertem Fleisch mit Salz, meist unter Zugabe von Wasser (Eisschnee), gegart
Butte	Blinddarm von Rind, Schwein, Kalb und Schaf
Einlagefleisch	grobe Fleisch- und Speckteile in einer Wurst
Eisschnee	gefrorenes Trinkwasser, zerkleinert, zur Herstellung von Brühwurst
Erbsenscheibe	grobe Scheibe beim Fleischwolf mit einer Lochgröße von etwa 6–8 mm
Fertiggewürz	fertige, auf eine einzelne Wurstsorte abgestimmte Mischung zum Würzen
Fettabsatz	Absetzen von Fett durch falsche Herstellung oder Fehlen von Kutterhilfsmittel bei der Brühwurst
Fettende	enger, glatter Teil des Dickdarms beim Schwein
Frostwächter	Gerät mit Heizspirale, das Wärme erzeugt. Das An- und Abschalten ist durch einen Thermostat geregelt.
Füllhorn	Wursttrichter mit langem Schaft
Garen	Allgemeinbegriff für kochen, brühen, braten
Geleeabsatz	Absetzen von Gelee (Sülze) bei falscher Herstellung oder Weglassen von Kutterhilfsmittel bei der Brühwurst
Geschmacksverstärker	Hilfsstoff zur Verfeinerung des Geschmacks bei der Wurst- und Schinkenherstellung
Grad	Maßeinheit zum Feststellen der Lakestärke, richtig Baumégrad
Grundbrät	feinst zerkleinerte Masse bei der Herstellung von Wurst, vor allem Brühwurst

Kleines Lexikon

Hartholz	Eiche, Buche, Esche, Ahorn, die für Räuchermehl verwendet werden
Hartwurst	siehe schnittfeste Rohwurst
Heißrauch	Rauch mit Hartholz im Bereich von 60–75°C
Hygrometer	Messer zum Feststellen der Luftfeuchtigkeit
Hygrostat	Fühler für Luftfeuchtigkeit
Kaliber	Durchmesser der Wursthüllen in mm
Kälterand	grauer Rand, der bei der Rohwurstreifung durch zu niedrige Temperaturen entsteht
Kaltrauch	Rauch mit Hartholzsägemehl im Bereich von etwa 18–24 °C
Kerntemperatur	Temperatur im Innern der Wurst oder des Schinkens, Anhaltspunkt beim Garen
Klima	Temperatur, Luftfeuchtigkeit und Luftbewegung
Klimareifung	Reifeverfahren bei schnittfester Rohwurst in künstlichem Klima (z. B. Reifekammer)
Kochwurst	Wurstsorten, die überwiegend aus gekochten Fleisch- und Fetteilen hergestellt werden
Konsistenz	Beschaffenheit der Wurstmasse
Kranzdarm	Dünndarm des Rindes
Krausdarm (Krausen)	weiter Teil des Dickdarms beim Schwein
Kunstdarm	Naturin- oder Sterildarm
Kutter	Maschine mit schnell rotierenden Messern zur Zerkleinerung von Fleisch und Speck bei der Wurstherstellung
Kutterhilfsmittel	bindungsförderndes Mittel für die Herstellung von Brühwurst mit dem Kutter
Lake	Salz, in Wasser gelöst
Lakemesser	Gerät zum Feststellen der Salzkonzentration in der Lake
Lakespritze	Gerät zum Einspritzen von Lake in die Fleischteile
Luftklappe	Klappe, mit der durch Öffnen oder Schließen der Luftstrom am Räucher- bzw. Reifeschrank reguliert werden kann
Mitteldarm	Dickdarm des Rindes ohne Butte
Naßpökeln	Einlegen von Fleisch in Lake
Naturdarm	natürliche Wursthülle von Tieren, in der Regel Därme von Rind, Schwein, Schaf
Naturindarm	luftdurchlässige, künstliche Wursthülle, aus Naturfasern hergestellt
Naturreifung	Reifeverfahren bei schnittfester Rohwurst in natürlichem Klima (z. B. Keller)
Nicker	Darmfett
Nitritpökelsalz	Kochsalz, unter Beimischung von etwa 0,5 % Natriumnitirit

Kleines Lexikon

Verschiedene Bratwürste auf dem Grill

Phosphat	Kutterhilfsmittel
Pökeln	Einsalzen mit Nitritpökelsalz
Reifemittel	Hilfsstoff zur Beschleunigung und Vereinfachung der Reifung bei schnittfester Rohwurst
Reifen	umröten und trocknen der schnittfesten Rohwurst
Rohwurst	Wurstsorten, aus rohem Fleisch, die nicht gegart werden (bleiben in rohem Zustand)

Kleines Lexikon

Saitling	Dünndarm vom Schaf
Salzen	Einsalzen mit Kochsalz
Schnellpökelung	beschleunigtes Pökelverfahren durch Einspritzen der Lake in das Fleisch
Schnellreifung	Reifeverfahren bei schnittfester Rohwurst durch Zugabe von Zusatzstoffen (Reifemittel)
Schnittfeste Rohwurst	siehe Rohwurst, Sorten, die hart und somit schnittfest sind, z. B. Salami
Schockgefrieren	schnelles Gefrieren bei etwa −25 °C
Schrotfleisch	siehe Einlagenfleisch
Schrotscheibe	grobe Scheibe beim Fleischwolf mit einer Lochgröße von etwa 10–12 mm
Schwimmer	kleiner Lattenrost in der Größe des Kochtopfes oder der verwendeten Schüssel, der beim Brühen oder Abkühlen auf die Würste gelegt wird, um ihr Aufschwimmen zu verhindern
Sterildarm	luftdichte, künstliche Wursthülle
Streichfähige Rohwurst	siehe Rohwurst, Sorten, die weich und somit streichfähig sind, z. B. Mettwurst
Talg	Fett von Rind, Schaf, Ziege
Trockenpökeln	Einsalzen von Fleisch ohne Wasser
Trockenrand	ausgetrockneter Rand bei schnittfester Rohwurst bzw. rohem Schinken durch zu trockene Luft
Vorschneider	grobe Scheibe bei einem Schneidsatz des Fleischwolfs; Anordnung: Vorschneider, Messer, Scheibe
Wurstgarn	Spezielles Garn zum Abbinden der Wurst, meist naturfarben. Zur Unterscheidung einzelner Wurstsorten auch mehrfarbig (rot/weiß, blau/weiß, grün/weiß) gebräuchlich
Wurstkranz	Bratdarm, gefüllt mit Leber- bzw. Blutwurst, abgebunden zu einzelnen Würstchen
Zusatzstoffe	Mittel zur Vereinfachung, Verbesserung und Sicherung der Wurstherstellung

Verzeichnisse

Literaturverzeichnis

Binder, E.: Räuchern – Fleisch, Wurst, Fisch. 3. Aufl. Verlag Eugen Ulmer, Stuttgart 1995

Bräckle, I., B. Karch, I. Schindler: Fleisch, Wurst und Schinken verarbeitet und hausgemacht. BLV-Verlagsgesellschaft, München, Wien, Zürich 1985

Gahm, B.: Hausschlachten. Schlachten, Zerlegen, Wursten. 3. Aufl. Verlag Eugen Ulmer, Stuttgart 1996

Koch, H.: Die Fabrikation feiner Fleisch- und Wurstwaren. Verlag Sponholz, Frankfurt/Main 1978.

Prändl, O., A. Fischer, T. Schmidhofer, H.J. Sinell: Fleisch. Technologie und Hygiene der Gewinnung und Verarbeitung. Verlag Eugen Ulmer, Stuttgart 1988

Schmidt, K.-F.: Wurst aus eigener Küche. 5. Aufl. Verlag Blackwell, Berlin 1996

Bezugsquellen

Geräte, Maschinen, Därme, Gewürze

Als Bezugsquelle mit Versand nach Katalog bietet sich die Firma Salm KG in Karlsruhe an. Die meisten Lieferanten für Fleischereibedarf haben keinen Detailversand und liefern nur an Fachbetriebe und in großen Gebinden. Anders ist es beim Einkauf am Ort. Im Ladengeschäft sind bei vielen Händlern von Fleischereibedarf auch kleinere Mengen erhältlich; es empfiehlt sich aber, vor einer Fahrt dorthin, vorher telefonisch nachzufragen, in welchen Mindestmengen die benötigten Dinge abgegeben werden. Die Adressen sind den gelben Seiten des örtlichen Telefonbuchs unter Fleischerei- oder Metzgereibedarf zu entnehmen. Nachfolgend werden beispielhaft zwei Firmen im Bereich Mergentheim und Schwäbisch Hall aufgeführt.

Salm KG, Fleischereibedarf
Schlachthausstraße 1
76131 Karlsruhe
Telefon (07 21) 9 64 04-0, Fax -44
Ladengeschäft und Versand, Katalog gratis

Norbert Scheuring
Neunkircher Straße 28
97980 Bad Mergentheim
Telefon (0 79 31) 4 19 99
Ladengeschäft, kein Versand

Rolf Häfele
Haalplatz 17
74523 Schwäbisch Hall
Telefon (07 91) 70 37
Ladengeschäft, kein Versand

Sachregister

Sternchen verweisen auf Abbildungen

Abbinden 43*, 46*, 47, 48*
Abdrehen 47
Abkühlen (Würste) 51, 52*
Abschöpfen (Fleischbrühe) 50
Aspik 130, 131, 147
Atmen 147
Aufschnitt 147
Aufschnittgewürz 105
Auftauen (Wurst) 62
Ausbeinmesser 10
Auslitern 124

Backe 22*, 68*, 69
Bauch 102
Bauch, geräucherter 140
Bauernbratwurst 117
Bauernsalami 98*
Bauernsülze 133*
Bierschinken 114*
–, gebacken 114
Bierwurst 115*
Bindemittel s. Kutterhilfsmittel
Bindung 89, 147
Blase 40
Blitz s. Kutter
Blut 67
Brät 147
Bratdarm 40*, 147
Bratwurst 116*–122
–, feine 120*
–, grobe 117*
– Räuchern 117
– Wurstmasse 44,117

Brühen 50, 147
Brühwurst 101*–115
– Definition 21, 147
– Rezepte 108-115
– Rohmaterial 102
– Vorbereitung 103
– Wurstmasse 44, 104–106, 107*
– – einfüllen 108
– – Konsistenz 108
Butte 40*, 147

Cervelatwurst 99*

Darmgekröse 70
Dauerdosen 35
Delikateßleberwurst 74*
DFD-Fleisch 25
Direktvermarktung 23
Dosen 34*, 35
Dosenverschließmaschine 35
Durchschlag 12

Eimer 11
Einkochen 35, 37, 38
Einkochtopf 18
Einlagefleisch 147
Eisbein, gegrillt 146*
– in Aspik 134, 135*
–, gekocht 145*
Eisschnee 104, 147
Entenpastete 125*
Erbsenscheibe 147
Essig 31
Extraktstoffe 33

Fertiggewürz 33, 92, 105, 147
Fettabsatz 147

Fettenden 40*, 147
Filetpastete im Pilzmantel 127*
Fleischbeschau 21
Fleischerbeil 11*
Fleischgabel 12, 13*
Fleischkäse, feiner 112*, 113
–, grober 111*, 112*
Fleischkäseform 41*
Fleischmesser 10
Fleischqualität 21–26
Fleischstempel 21
Fleischthermometer 18, 48, 88*, 143
Fleischwaage 15
Fleischwolf 13, 14*
Fränkische Bratwurst 118*
Frostwächter 96, 147
Füllen (Gläser, Dosen) 36*, 37
Füllen (in Därme) 39*, 42–48, 45*
Füllhorn 13

Gänseleberpastete 126*
Garen 48, 49
Garzeiten 51
GdL 30, 92
Geflügelfleisch 72, 82, 103
Gelatine 130, 131
Gelbwurst 110*
Geleeabsatz 147
Geschmacksverstärker 30, 141
Gewichtsverlust 94
Gewürze 27*, 30–33, 107*
Gewürzwaage 16, 107*
Gläser 34*, 35
Glutamat 141

Griebenwurst 75, 76*
Griff 68*, 69
Grundbrät 104, 147

Hackfleisch 26
Halbkonserven 37, 38
Handfüller s. Wurstfüll-
  maschine
Handrührgerät 16
Handtrichter 12, 44, 45*
Handwolf 45*
Hausmacher-Blutwurst 76*
Hausmacher-Leberwurst
  73*
Hausmacher-Sülze 132
Heißrauch 148
Heißräuchern 59
Heißräucherofen 55*, 56*
Herz 69
Hirtensalami 98*
Horizontalkutter 16
Ingwer
Jagdwurst 113*
Jägersalami 99

Sachregister

Kalbfleisch 103
Kalbskäse 110*
Kalbsleberwurst 74*
Kaliber 148
Kälterand 91, 148
Kaltrauch 148
Kalträuchern 54, 57
Kaninchenfleisch 72, 82, 103
Kardamom 32
Kasseler 143
Kerntemperatur 48, 49, 143, 148
Klima 90, 94
Klimakammer 95*
Klimareifeverfahren 95
Klumpenbildung 88, 89
Knackwurst 109*
Knetmaschine 106*
Knoblauch 32
Knochensäge 11*
Kochpökelwaren 140
Kochsalz 28
Kochschinken 141
Kochschinkenform 19, 143
Kochwurst 21, 49*, 66*–79
– abschmecken 66
– Definition 66
– Herstellung 66
– Rezepte 73
– Rohmaterial 67
– Wurstmasse 44
Konserven 34*, 37
Kopf 68*, 72
Koriander 32
Krakauer 114, 115*
Kranzdarm 41
Krausdarm 40, 148
Kühllagerung 60

Kunstdarm 40–42
Kutter 16, 17*, 106, 148
Kutterhilfsmittel 29

Lagerdauer (Gefriergut) 63
Lagern (Konserven) 38
Lagerung (Würste) 60
Lagerung (Frischfleisch) 25
Lake 138
Lakemesser 18, 138, 148
Lakespritze 18*, 140, 141*
Lakewaage 18
Lammfleisch 25*, 81, 102
Landjäger 100*
Landjägerpresse 19*
Leber 69
Leberkäse 113*
Leberpastete, feine 125, 126*
Leberwurst, einfach 73*
Luftfeuchtigkeit 60, 90
Luftlöcher 89
Lunge 70
Lyoner 108*

M+L-Starterkulturen 30
Magen 40, 44*
Magerfleisch 72, 85, 102
Majoran 31
Mazisblüte 31
Messer 10, 11*
Meßspindel 18
Mettwurst, feine 83*
–, grobe 82*
–, westfälische 82*
Metzelbrühe 21
Metzelsuppe 50
Milz 70
Mitteldarm 41
Mixgerät 16

Muskat 31
Muskelspritzverfahren 140
Naßpökelung 138, 139
Naturdarm 40*–41, 42, 45*
Naturgewürze 33
Naturindarm 41*
Naturreifeverfahren 92, 94
Nelken 31
Nicker 70
Nitritpökelsalz 28, 137
Nitrosamine 28
Nürnberger Bratwurst 118*

Oberländer 121

Paprika 32
Pasteten 123*
– Bindung 124
– Rezepte 125
– Zutaten 124
Pastetenformen 124*
Patentverschluß 35
Pfeffer 30
pH-Wert 90
Phosphat 29
Piment 31
Pökelgefäß 19
Pökeln 137–147
Pökelsalz 28
Preßwurst, Weiße 79*
PSE-Fleisch 25
Putenbratwurst 118, 120*
Putenfleisch 24*

Raspelgerät 105*, 106*
Räuchergeräte 54
Räucherkammer 53*, 54
Räuchermehl 57
Räuchern 53–59

Sachregister

Räucherrand 59, 97
Räucherschrank 54, 60
Rauchtemperatur 57
Rehbratwurst 120*
Reifekammer 92, 96
Reifemittel 30
Reifung 90
Rindfleisch 24*, 72, 81, 102
Rindsleber 72
Rippchen 141*
– gekochte 143
Rohpökelwaren 137
Rohpolnische 99, 100*
Rohschinken 138, 140
Rohwurst 21
Rohwurst, schnittfest 84*–100
– Lagerklima 91
– Räuchern 97
– Reifen 89, 90
– Rezepte 98–100
– Rohmaterial 85
– Wurstmasse 87, 89*
Rohwurst, streichfähig 80*–83
– Rohmaterial 81
– Rezepte 82–83
Rohwurstmasse 44
Rötemittel 30
Rückenspeck 70
Rührgerät 16

Saiten 109*
Saitling 41, 150
Salami 98*
Salz 28
Salzen 137–147
Salzkonzentration 138
Säuregehalt 86
Schälrippchen, gegrillt 146*

–, gekocht 145*
Schaumlöffel 13*
Schimmelbildung 91, 94
Schinkenform 19
Schinkenwurst 110*
Schlachtbrühe 21
Schneidbrett 11*
Schneidsatz 14
Schnellpökelung 140, 150
Schnellreifeverfahren 92, 150
Schöpfer 12, 13*
Schraubdeckel 37
Schrotscheibe 150
Schrumpffähigkeit 88
Schüssel 11, 12*
Schwarten 68
Schwartenmagen, Roter 78*
–, Weißer 79*
Schwarzwurst 76*
Schweinebacke s. Backe
Schweinebauch 22*, 81, 86
–, gegrillter 144
–, gekochter 144*
–, geräucherter 139*
Schweineblut s. Blut
Schweinefleisch 67, 81
Schweinekopf s. Kopf
Schweinespeck 22*
Schweinskopfsülze 133*
Schwimmer 50, 150
Sieb 12, 13*
Speck 81, 86, 102
Stechmesser 10
Sterildarm 41*, 47
Sterilisieren 35
Sturzgläser 37
Sülze 129*–135
– garnieren 131

– Grundmaterial 130
– Herstellung 130
– Rezepte 132–134
– stürzen 132

Teewurst 83*
Teigknetmaschine 17
Thermometer 18, 48
Thüringer Rotwurst 78*
Thymian 31
Tiefkühlen 62
Tischkutter 17*
Traubenzucker 90
Trockenpökelung 140
Trockenrand 59, 91, 97, 150

Umrötemittel 30
Umrötung 90, 137

Vertikalkutter 17*
Vesperfleisch 134, 135*
Vollkonserven 37, 38
Vorschneider 150

Waage 15, 16
Wacholderbeeren 33
Wannen 11
Wassertemperatur 49
Weißwurst 121*, 122*
Wetzstahl 10
Wiener Braten 114*
Wiener Würstchen 109*
Wildfleisch 72, 81, 86, 102
Wildpastete 128*
Wolfen 103*
Wollwurst 120*, 121
Wurstdosen 34*
Wurstfüllmaschine 14, 15*, 39*, 44
Wurstgarn 150

155

Sachregister

Wursthülle 41
Wurstkranz 47, 150
Wurstsorten 21
Wurstsülze 134
Wursttrichter 12

Ziegenfleisch 81, 102
Zigeunersalami 99*
Zimt 32
Zitrone 33
Zucker 90
Zunge 69
Zungenwurst 77*
Zusatzstoffe 28–33, 150
Zwiebel 32
Zwiebelwurst 83*

Die Deutsche Bibliothek – CIP-Einheitsaufnahme

Würste, Sülzen, Pasteten selbstgemacht / Berhard Gahm.
Farbfotos von Fridhelm Volk. – Stuttgart : Ulmer, 1998
  ISBN 3-8001-6404-3

Das Werk einschließlich aller seiner Teile ist urheberrechtlich geschützt. Jede Verwertung außerhalb der engen Grenzen des Urheberrechtsgesetzes ist ohne Zustimmung des Verlages unzulässig und strafbar. Das gilt insbesondere für Vervielfältigungen, Übersetzungen, Mikroverfilmungen und die Einspeicherung und Verarbeitung in elektronischen Systemen.

© 1998 Eugen Ulmer GmbH & Co.
Wollgrasweg 41, 70599 Stuttgart (Hohenheim)
Printed in Germany
Lektorat: Ingeborg Ulmer
Herstellung: Jürgen Sprenzel
Satz: Späth GmbH, Birenbach
Druck und Bindung: Friedr. Pustet, Regensburg

Wenn Sie mehr wissen möchten...

Wann kann, wann darf man schlachten, welche Vorschriften gibt es, wie wird es gemacht, was kann man aus den Fleischteilen alles herstellen? Auf all' diese Fragen gibt dieses Buch Antwort. Von der Auswahl der Tiere, dem Einfluß von Fütterung und Haltung auf die Fleischqualität bis zu den hygienischen und rechtlichen Vorschriften erläutert der Autor ausführlich und anschaulich alles, was mit dem Hausschlachten zusammenhängt. Schlachten, Zerlegen und die Wurstherstellung werden Schritt für Schritt beschrieben. Deshalb ist dieses Buch auch eine Hilfe für alle, die zwar nicht selber schlachten, aber grössere Mengen Frischfleisch günstig kaufen und rentabel verarbeiten möchten.

Hausschlachten. Schlachten, Zerlegen, Wursten. Bernhard Gahm. 3. Aufl. 1996. 144 S., 53 Farb- und 41 sw-Fotos. ISBN 3-8001-6611-9.

Wer Schafe und Ziegen hält, verarbeitet die Milch gerne zu Joghurt und Käse. Zur Verarbeitung von Milch zu qualitativ hochwertigen und wohlschmeckenden Produkten bedarf es einigen Wissens um biologische und biochemische Vorgänge und einer gewissen Erfahrung bei der praktischen Arbeit. Das Buch ist deshalb nicht nur eine Rezeptsammlung, es vermittelt ausserdem die wichtigsten Grundkenntnisse, von der Milchverarbeitung bis zur verkaufsfertigen Spezialität.
Käse aus Schaf- und Ziegenmilch. W. Scholz. 1995. 157 S., 31 Farbf., 40 sw-Fotos, 12 Grafiken. ISBN 3-8001-7320-4.

Von den benötigten Geräten bis zu zahlreichen Rezepten finden Sie hier viele hilfreiche Informationen über das Räuchern.
Räuchern. Fleisch, Wurst, Fisch. E. Binder. 3. Aufl. 1996. 125 S., 67 Farbf., 15 Zeichn. ISBN 3-8001-6848-0.

... finden Sie hier die Literatur.

 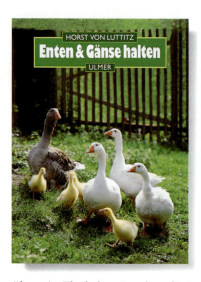

Dieses Buch liefert viele praktische Tips, die dem Ziegenhalter dabei helfen, Fehler in der Ziegenhaltung zu vermeiden. So wird ausführlich auf Unterbringung, Fütterung, Zucht und Gesunderhaltung eingegangen. Aber auch die Erzeugung und Verwertung von Fleisch und Milch wird genau beschrieben. Zahlreiche verschiedene Rezepte zur Ziegenkäseherstellung und Sauermilchbereitung sollen es dem Ziegenhalter ermöglichen, die täglich anfallende Milch abwechslungsreich zu verwerten.
Ziegen halten. H. Späth, O. Thume. 4., neu gest. Aufl. 1997. 216 S., 92 Farbf., 56 Zeichn. ISBN 3-8001-7363-8.

Dieses Buch wendet sich vor allem an die Anfänger, denen noch die grundlegenden Kenntnisse fehlen.
Schafe halten. H. Rieder. 4., neu bearb. Aufl. 1998. 156 S., 70 Farbf., 40 Zeichn. ISBN 3-8001-7386-7-0.

Wer über ein Fleckchen Land verfügt, sei durch dieses Buch auf Nutzen und Gewinn durch Enten- oder Gänsehaltung hingewiesen. Es ist aus langer praktischer Erfahrung für die Praxis geschrieben. Wichtige Themen sind unter anderem: Wirtschaftlichkeit, Haltungsformen, Zucht, Brut, Aufzucht, Mast, Schlachtung, Vermarktung, Krankheiten, Gifte, Rezepte.
Enten und Gänse halten. H. Freiherr von Luttitz. 3. Aufl. 1997. 184 S., 79 Farbf., 30 Zeichn. ISBN 3-8001-7351-4.

Die Hühnerhaltung bringt Freude am Umgang mit Tieren und praktischen Nutzen. Dieses Buch vermittelt alles über Eigenheiten und Verhalten, Fütterung und Pflege, Brut und Aufzucht, Stall und Auslauf sowie über die Schlachtung.
Hühner halten. B. u. L. Peitz. 5. Aufl. 1998. 174 S., 46 Farbfotos, 46 Zeichn., 15 Tab. ISBN 3-8001-7381-6.